www.ingramcontent.com/pod-product-compliance
Lightning Source LLC
LaVergne TN
LVHW031424170726
843492LV00009B/2854

مذكرات طالب

الحقيقة المُرّة

بقلم جيف كيني

عين التينة، شارع المفتي توفيق خالد، بناية الريم
هاتف: 786233 - 785108 - 785107 (1-961+)
ص.ب: 13-5574 شوران - بيروت 1102-2050 - لبنان
فاكس: 786230 (1-961+) - البريد الإلكتروني: asp@asp.com.lb
الموقع على شبكة الإنترنت: http://www.asp.com.lb

التنضيد وفرز الألوان: أبجد غرافيكس، بيروت - هاتف 785107 (1-961+)
الطباعة: مطابع الدار العربية للعلوم، بيروت - هاتف 786233 (1-961+)

إلى توماس

أيلول

<u>الخميس</u>

مضى أسبوعان ونصف الأسبوع تقريباً منذ الشجار الكبير الذي حصل بيني وبين صديقي الحميم السابق راولي جيفرسون. بصراحة، ظننتُ أنّه سيأتي إليّ زاحفاً. ولكن، لسبب ما، لم يحدث ذلك. في الواقع، بدأتُ أشعر ببعض القلق لأنّ العام الدراسي على وشك أن يبدأ، وإن كنّا نريد إعادة أواصر الصداقة بيننا، فيجب أن يحدث شيء ما بسرعة. وإن كانت صداقتنا قد انتهت فعلاً، فسيكون هذا مقرفاً، لأنّ ما بيننا كان جميلاً جدًّا.

الآن، بعد أن أصبحت صداقتنا من الماضي، بدأتُ أبحث عن صديق حميم جديد. المشكلة هي أنني أمضيت وقتي بكامله مع راولي، وليس لديّ من ينتظر للحلول مكانه.

أفضل خيارين لديّ في الوقت الحالي هما كريستوفر براونفيلد وتايسون ساندرز. ولكن، لكلّ من هذين الولدين مشاكله الخاصّة.

صادقتُ كريستوفر خلال أسابيع الصيف الأخيرة، وتحديداً لأنّه مغناطيس ممتاز حقًّا لجذب البعوض. لكنّ كريستوفر مناسب كصديق لتمضية فصل الصيف معه أكثر من كونه صديقًا خلال عام دراسي.

تايسون لطيف، ونحن نحبّ ألعاب الفيديو نفسها. لكنّه يخفض بنطاله بالكامل كلّما استخدم المرحاض، ولا أدري إن كنتُ سأتمكّن من تقبّل ذلك يوماً ما.

ثمّة ولد وحيد في مثل سنّي لا يرافق أحداً، وهو فريغلي. لكنّني استبعدته منذ زمن طويل.

على أي حال، تركتُ باب الفرصة مفتوحاً قليلاً لراولي، في حال بدّل رأيه. ولكن، إن أراد إنقاذ هذه الصداقة، فعليه أن يتحرّك بسرعة.

وإن ظلّت الأمور على حالها، فلن تبدو صورته حسنة في سيرتي الذاتيّة.

الفصل الثامن
الطفولة

كنت أعيش بجوار ولد. أظنّ أنّ اسمه كان روبرت، أو رودجر، أو شيئاً من هذا القبيل.

ولكن، إن حالفني الحظّ، فسأصبح ثرياً ومشهوراً، وسيظلّ راولي قادراً على إيجاد طريقة لينجح على حسابي.

<u>السبت</u>

السبب الذي يجعلني أعتقد أنّ الأمور لن تتغيّر بيني وبين راولي هو أنّه سبق له أن وجد لنفسه صديقاً بديلاً. ولأكون أكثر دقّة، أبواه هما اللذان وجدا له صديقاً.

فخلال الأسابيع القليلة الماضية، رافق راولي المراهق المدعوّ براين.

كلّما مررتُ أمام منزل راولي، رأيته في الحديقة يرمي طابة أو صحناً طائراً لشابّ يبدو وكأنّه في الثانوية.

حسناً، أجريتُ بعض الأبحاث، واكتشفتُ أنّ براين هذا ليس مجرّد ولد عادي من الجوار، بل ينتمي إلى شركة تدعى "براين الطيّب"، لتأجير أخ أكبر.

في الواقع، أنا واثق أنّ الاسم الحقيقي لهذا الشابّ ليس براين.

قالت أمّي إنّ الاستعانة بشركة براين الطيّب فكرة جيّدة برأيها، لأنّها تعطي الأولاد مثلاً أعلى يتطلّعون إليه. وهذا ما أثار غضبي، لأنّني أعتقد أنّني مثل راولي الأعلى.

والآن، يدفع والدا راولي المال لشابّ ليفعل ما كنتُ أفعله طوال هذه السنوات مجّاناً.

ما آلمني حقًّا هو أنّ راولي لا يعرف على الأرجح
أنّ أبويه يدفعان المال لذلك الشابّ لكي يمضي
الوقت معه. ولا أعتقد أنّ راولي سينزعج إن عرف
الحقيقة.

اليوم، رأيتُ راولي يلعب مع براين طيّب مختلف.
إذاً، لا بدّ أنّ صديق راولي المعتاد قد حصل على
إجازة. ولكن، يبدو أنّ راولي لم يلاحظ ذلك.

الثلاثاء
اليوم أوّل أيّام المدرسة. لا أريد أن أحسد نفسي،
ولكن يبدو أنّه سيكون عاماً عظيماً بالنسبة إليّ.

في غرفة الصفّ، استلمنا كتب الفصل الدراسي. لا تستطيع مدرستي شراء كتب جديدة كلّ عام، ولذلك نحصل عادة على كتب مستعملة.

عندما تحصل على كتاب استعمله عشرة أولاد قبلك، فسيصعب عليك التعلّم بجدّية.

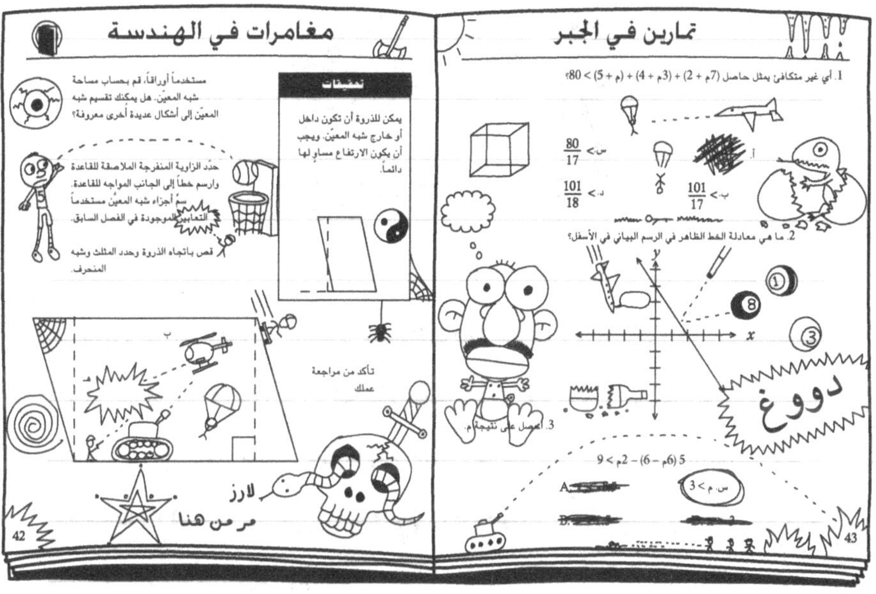

عادة، حظّي سيّئ فعلاً في ما يتعلق بالكتب المستعملة. ففي العام الماضي، حصلتُ على كتاب رياضيات كان براين غوت قد استعمله سابقاً.

وهذا الأمر لم يرفع معنويّاتي تماماً في الأروقة.

ولكن، هذا العام كنتُ محظوظاً جدًّا. فعندما استلمتُ كتاب الرياضيات، اكتشفتُ أنّه كان يخصّ جوردن جوري. وجوردن جوري هو الولد الأكثر شعبيّة في الصفّ الأعلى من صفّي، وحملُ كتابه يجب أن يزيد من شعبيّتي.

من بين أسباب شعبيّة جوردن حفلاتُه الكبيرة التي يقيمها دائماً، والتي يصعب حقًا الحصول على دعوة إليها. لكن، أظنّ أنّ كتاب الرياضيات هذا هو ما أحتاج إليه لجذب انتباهه.

ولدى الحديث عن الأولاد ذوي الشعبيّة، لا بدّ من القول إنني جلستُ اليوم قرب برايس أندرسن وأصدقائه عند تناول الغداء. ففي صفّي، يعتبر برايس جوردن جوري، ولديه مجموعة من الأصدقاء الذين يوافقون دائماً على ما يقوله.

وهؤلاء الأولاد مخلصون لبرايس مهما بدوا حمقى بسببه.

كما ترى، إنّ فكرة برايس أندرسون صحيحة. فهو لا يحتاج إلى صديق حميم، لأنّه يملك مجموعة من الأتباع الذين يبجّلونه. وسبب فشل صداقتنا أنا وراولي هو أنّنا كنّا شريكَين متساويَين في صداقتنا، ولا أظنّ أنّ لدى هذا النموذج أيّ فرصة للنجاح.

<u>الجمعة</u>

اليوم في المدرسة، سمعتُ راولي يقول لبعض الأولاد إنه ذاهب إلى حفل روك الليلة. أقرّ أنّني شعرتُ ببعض الغيرة، لأنه لم يسبق لي أن ذهبت مطلقاً إلى حفل حقيقي. ولكن، عندما عرفتُ من سيغنّي، سررتُ لأنّني لستُ مدعوّاً.

ومع ذلك، انزعجتُ نوعاً ما لأنّ راولي يتسلّى أكثر منّي. في الواقع، بدالي وكأنّ الجميع يتسلّون أكثر منّي هذه الأيّام.

إذ يقوم بعض الأولاد في صفّي بعرض صورهم على شبكة الإنترنت.

وكما يبدو، يمضي الجميع وقتاً ممتعاً أكثر منّي بكثير.

لم أشأ أن يعتقد الناس أنّ حياتي مملّة، لذا قرّرتُ التقاط بعض الصور لأُريهم كم أستمتع بوقتي.

كلّ ما أحتاج إليه فعلاً كاميرا رقمية وبرنامج لتعديل الصور لتجعل الأمر يبدو وكأنّك في غاية السعادة.

الليلة، كنتُ منشغلاً بابتكار مشهد جنوني لحفلة رأس السنة عندما فاجأتني أمّي.

حسناً، أمّي لا تسمح لي بعرض صور على شبكة الإنترنت، بسبب الخصوصيّة وما شابَهَ ذلك. وربّما لأنّها تعلّمَت درساً بعد ما سمحت لأخي الأكبر رودريك بعرض صوره.

فقد كان رودريك يحاول إيجاد وظيفة ليتمكّن من شراء طبل جديد، لكنّ أحداً لم يرغب في توظيفه. عندها، قالت له أمّي إنّ أصحاب العمل هذه الأيّام يجرون أبحاثاً عبر الإنترنت عن الأشخاص الذين يفكّرون في توظيفهم، وإنّ صُوَره تقلّل من فُرصِه على الأرجح.

وهكذا، استبدل رودريك الصور الخاصة بالفرقة الموسيقية بهذه الصورة.

<u>الأربعاء</u>

هذا العام، يأخذ كلّ من في صفّي دروساً متقدّمة تتعلق بالصحّة، وتتناول مواضيع في غاية السرّية لا أظنّ أنّنا جاهزون لتعلّمها بعد.

الحصص الأولى القليلة حضرناها معاً ذكوراً وإناثاً في صفّ واحد. لكنّ السيّدة باول قالت اليوم إنّها ستوزعنا على مجموعتين. وأرسلَت الفتيات إلى غرفة السيّدة غوردون، ثم شغّلَت لنا نحن الصبيان شريط فيديو لمشاهدته.

وكما بدا لي، يرجع شريط الفيديو إلى ثلاثين عاماً مضت، وأنا واثق أنّ أبي شاهد الشريط نفسه حين كان في مثل سنّي.

لن أصف كلّ ما عُرِض في فيلم الفيديو، لأنّه في الواقع مقرف جدًا. وإن أردتَ رأيي، بعض تلك الأمور لا علاقة لها حقًّا بالمدرسة.

لم يتمكّن راولي من مشاهدة فيلم الفيديو بأكمله، فقد أُغمي عليه بعد دقيقتين عندما قالوا كلمة "تعرُّق".

بصراحة، لا أعرف إن كان راولي جاهزاً لتعلّم هذه الأمـور، فهو أساساً مثل طفل صغير. وقد قال لي سابقاً إنّه يتجنّب الأولاد الأكبر سنّاً في المدرسة لأنّه يخشى من «التقاط عدوى البلوغ».

في الواقع، ولدى التفكير في الأمر الآن، ألاحظ أنّني لم أرَ براين الطيّب منذ مدّة. لذا، تساءلت عمّا إذا كان راولي يتجنّبه هو أيضاً لأنّه يظنّه مُعدِياً.

حدث الأمر نفسه في العام الماضي في درس الصحّة الذي تناول مضارّ التدخين. فقد قالت المعلّمة حينها إننا لا نعرف أبداً من يمكن أن يقدّم لنا سيجارة، فقد يكون صديقنا الحميم من يفعل ذلك.

وعندما سمح راولي بذلك، امتنع عن السير برفقتي على الجانب نفسه من الشارع لمدّة شهر كامل.

صدّقني، لستُ بحاجة إلى معلّمة لتخبرني أنّ التدخين ليس محبّباً. فقد أقنعني جدّي بذلك في العام الفائت بمناسبة الشكر.

على أيّ حال، أعتقد أنّ راولي واحد من أولئك الأولاد الذين سيتأخّر نضوجهم بضع سنوات مقارنة مع الجميع. حتّى إنّ راولي لا يعرف كيف يربط شريط حذائه بعد؛ لأنّه شخص يستخدم الشريط اللاصق في كلّ شيء.

في العام الماضي، اشترت أمّ راولي لابنها حذاءً
رياضيًا ذا شريط، ولن تتخيّل كم مرّة اضطررتُ فيها
إلى ربط شريط حذائه .

برأيي، لا بدّ أنّها كانت على الأرجح إشارة تحذير
من أنّ صديقي الحميم معجب بقدرتي على ربط
حذائي .

<u>الخميس</u>

اليوم، كنتُ أقرأ الزاوية الكوميدية في الصحيفة،
ورأيتُ إعلاناً لفتَ انتباهي .

كان الإعلان خاصًّا بمثلجات بيتشلي بريز، ويبدو
أنّهم يبحثون عن ممثّل جديد .

وكانت شركة بيتشي بريز تعرض إعلانات متواصلة على شاشة التلفاز يقوم بتمثيلها ذلك الولد ذو الوجه المكسوّ بالنمش، وذو النبرة العالية.

كـان ممثّل بيتشي بريز جميلاً. ولكن، على مرّ السنوات ظهرت بعض البثور على وجهه.

لذا، أعتقد أن الشركة تبحث عن ولد آخر ليحلّ مكانه.

حسناً، أعتقد أنّني ممتاز لهذا الدور. أوّلاً، أنا أحبّ المثلجات، ولذلك لن أواجه صعوبة في التمثيل. ثانياً، أنا على استعداد للتغيّب عن المدرسة كثيراً لكي أفي بالتزاماتي مع بيتشي بريز.

وما من سبب يدعو الشركة للخوف من أن أصبح كبيراً وغير مناسب للدور، لأنّني مستعدّ لتناول ما يلزم من أدوية لكي يتوقّف نموّي.

لا أرى سوى عقبة وحيدة في طريقي، فأبي يكره إعلانات بيتشي بريز لأنّه يجد الولد مزعجاً. لذلك، لا أظنّ أنّه سيفرح كثيراً إن مثّلتها.

ثمّة أمر ما في ذلك الولد يثير أعصاب أبي. في الواقع، أظنّ أنّه يكره ممثّل بيتشي بريز أكثر ممّا يكره ليل كيوني.

وكلّما شاهد أبي إعلان بيتشي بريز على شاشة التلفاز، كتب رسالة إلى المسؤولين في شركة بيتشي بريز يخبرهم فيها أنّ الإعلان يثير جنونه، وأنّه لن يشتري أبداً من منتجاتهم.

وفي كلّ مرّة، بعد مرور بضعة أسابيع، يستلم أبي عبر البريد ردًّا من بيتشي بريز لا يتغيّر أبداً: قسائم مثلجات مجّانية.

سارت الأمور على هذا المنوال لسنوات. وإن لم يتغيّر شيء، فسنضطرّ إلى شراء ثلّاجة أخرى لحفظ كلّ ما لدينا من مثلجات بيتشي بريز.

<u>السبت</u>

أخبرتُ أمّي عن مسابقة طفل بيتشي بريز في الليلة الماضية، فقالت إنّها تبدو فرصة رائعة. ولكن، تبيّن لي لاحقاً أنّها كانت تفكّر في أخي الصغير ماني عندما قالت ذلك.

في الواقع، استعدّت أمّي وماني هذا الصباح للذهاب إلى تجربة الأداء من دوني، لكنّني لحقتُ بهما في الوقت المناسب.

فوجئتُ أُمِّي حين عرفت أنّني أريد التمثيل في إعلان بيتشي بريز، وقالت إنّني قد أكون كبيراً جدًّا وغير مناسب للدور . في البداية، وجدتُ كلامها سخيفاً . ولكن، عندما رأيتُ المتبارين في السوق التجارية، فهمتُ ما قصدته .

تصوّرتُ أنّني أستطيع التأثير في الحكّام والحصول على الوظيفة في جميع الأحوال . أضف إلى ذلك أنّني متفوّق عليهم ، لأنّني الولد الوحيد الذي يستطيع قراءة بطاقة إشعار .

لابدّ أنّ مئتي طفل كانوا واقفين في الصفّ . وأدركتُ أنّني إن أردتُ الحصول على الوظيفة، فعليّ ابتكار حركة ما . لذا، قرّرتُ أن أقفز وأضرب قدمَيّ معاً وأنا أقول شعار بيتشي بريز .

ولكن، عندما حان دوري أخيراً، لم تسِر الأمور حسب مخطّطاتي.

عرفتُ أنّ حظوظي لنيل الدور لم تكن جيّدة لأنّ هيئة اختيار الممثّلين طردتني من الغرفة من دون أن تسأل عن اسمي.

كانت الفرصة تضيع منّي، لذا بذلتُ ما في وسعي لإنقاذها.

لكن، في النهاية، يبدو أنّ الوظيفة ستكون من نصيب طفل أصغر سنًّا، وهذا أمر مقرف حقًّا.

في الواقع، هذه ليست المرّة الأولى التي أتعرّض فيها للتمييز في المعاملة بسبب سنّي. ففي شهر تشرين الأوّل الفائت، سمعنا أنا وراولي أنّ محطّة الأخبار المحلّية ستزور مزرعة التفّاحة الحمراء لتصوير أطفال يقومون بنحت اليقطين، وصُنع الفزّاعات، وما إلى ذلك.

عرفنا أنّ هذه فرصتنا الكبيرة للظهور على شاشة التلفاز، لذا ألقينا بنفسينا أمام كاميرا الأخبار ورحنا نهتف.

لكنّ فريق الأخبار لم يحتج إلى أكثر من خمس دقائق لطردنا.

ثمّ أحضروا بعض الأطفال الصغار ليأخذوا مكاننا، ففعلوا مثلما كنت أنا وراولي نفعل تماماً.

وبالتأكيد، ظهر أولئك الأطفال في نشرة الأخبار تلك الليلة.

في الحقيقة، تحدث هذه الأمور منذ مدّة طويلة. لكنّ حدوثها في أسرتي هو الأسوأ.

فحتّى سنّ الثامنة أو التاسعة، كنتُ النجم في كلّ اجتماعات الأسرة. وكان يُخيّل إليّ وكأنّ الجميع لا يستطيعون الابتعاد عني.

لكن، بعد ولادة ماني، تغيّرت الأمور كثيراً بالنسبة إليّ.

كما ترى، عندما تكون طفلاً صغيراً، لا أحد يخبرك أن لديك تاريخ صلاحيّة. وبين ليلة وضحاها، تتحوّل من كونك قرّة عين الأسرة إلى قطّ منبوذ.

أظنّ أنّني أفهم سبب رداءة طبع رودريك. فقد مضى زمن طويل منذ أن كان محطّ الاهتمام. وصدّقني، هو لا يزداد جاذبية.

الشخص الوحيد المحظوظ هو راولي. فهو طفل وحيد، ولن يخشى أن يحلّ مكانه قادم جديد.

الليلة، أخبرنا أبي عند تناول العشاء أنّ أخاه الأصغر، العمّ غاري، قد خطب صديقته سونيا. أعتقد أنّه خبر عظيم، لكنّ عمّي غاري تزوّج ثلاث مرّات من قبل، لذا أصبح هذا الأمر عاديًا بالنسبة إلى أفراد عائلتنا. في الواقع، نحن لا نستخدم جداول نموّ في المنزل، بل نكتفي بالنظر إلى صور حفلات زفاف العمّ غاري لنتتبّع مراحل نموّنا.

لذلك، أعتقد أنّنا اعتدنا هذا الأمر الآن. عندما تزوّج العمّ غاري للمرّة الثالثة، لم تكلّف أمّي نفسها عناء استبدال صورة زواجه الثاني، بل اكتفت بإلصاق صورة لرأس العروس الجديدة فوق رأس الزوجة القديمة.

عمّي غاري ليس رجلاً سيّئاً على الإطلاق، وكلّ ما في الأمر أنّه يتسرّع في علاقاته. فقد ارتبط بزوجته الأولى ليندا، بعد شهرين من لقائه إيّاها، ولم تكتشف العمل الذي يقوم به ليكسب رزقه إلّا يوم الزفاف.

وسمعتُ أنّ زوجة العمّ غاري الثانية تشارلين، ظنّت أنّه يملك الكثير من المال بسبب سوء تفاهم حصل في موعدهما الثاني.

وتبيّن لاحقاً أنّ العمّ غاري يملك خمسةً وأربعين دولاراً فقط، وليس خمسةً وأربعين ألف دولار.

لكنّ تشارلين لم تكتشف ذلك إلّا عندما حان وقت دفع أجرة الفرقة الموسيقية التي عزفت في الزفاف.

يقول أبي دائماً إنّه يجب على العمّ غاري أن «يكبر» ويتوقّف عن التصرّف كالأطفال. ولكن، لو كنتُ مكان أبي، لما قلقت من ذلك.

اكتشفتُ أنّ زفاف العمّ غاري حُدّد في شهر تشرين الثاني، وأنّ حفل الاستقبال سيتمّ في منزل الجدّة الكبرى غامي، كما في المرّة الماضية.

تبلغ الجدّة غامي الخامسة والتسعين من عمرها، لكنّها ما زالت تعيش في المنزل الكبير الذي نشأت فيه. إنّها أشبه بالرئيس الرسمي لأسرة هيفلي بأكملها.

غامي واحدة من الأشخاص القليلين في العالم الذين ما زالوا يكتبون الرسائل. وعندما تكتب لك رسالة، فهي تتوقّع منك أن ترّد عليها.

حاولتُ أن أشرح لغامي أنّ أولاد جيلي لا يعرفون كيف يكتبون رسالة ويضعون عليها طابعاً ويسجّلون "عنوان المُرسِل" وما إلى ذلك، لكنّها لم تشأ الإصغاء.

في زفاف العمّ غاري الماضي، أعطتني غامي ورقة رسالة فارغة مع مغلّف كتبَت عليه عنوانها وألصقَت عليه طابعاً، لكي لا أجد أيّ عذر لعدم الكتابة.

ولكنّني لم أملأها وأرسلها بعد. والآن، كلّما مررتُ أمام مكتبي في غرفة النوم، أشعر بالذنب.

غامي تشعر كَ دائماً بالذنب. في مناسبة الشكر الماضية، وضعتُ وسادة ذات زمّارة على كرسيّها، فجلسَت عليها.

بعد بضعة أيّام، استلم كلّ فرد من الأسرة رسالة
اعتذار من غامي مكتوبة بخطّ اليد.

أفراد أسرتي الأعزّاء،
أكتب لكم لأعتذر عن الحادثة المؤسفة
التي حصلت بعد وقت قصير من
اجتماعنا حول المائدة. فمع تقدّمي في
السنّ، أصبحت أجد صعوبة في السيطرة
على جسدي. وأخشى أنّ الجراحة التي
أجريتها مؤخّراً ساهمت في "هفوتي
الصغيرة".
آمل ألّا تكون تلك الحادثة المؤسفة قد
أفسدت مناسبتَنا السعيدة.

مع حبّي،
غامي

في بعض الأحيان، أتساءل إن كانت غامي تعبث مع الجميع وتقوم بهذا النوع من الأمور بشكل متعمّد. ففي مناسبة الفصح الماضية، قامت غامي بدعوة أفراد الأسرة جميعاً إلى منزلها، لكنّ الجميع كانت لديهم مشروعاتهم الخاصة فلم يذهب أحد.

ويوم الأحد، اتصلت غامي بأبي وقالت إنّها اشترت بطاقة يانصيب وربحت الجائزة الكبرى البالغة عشرة ملايين دولار. ذاع الخبر بسرعة بين أفراد الأسرة، وسرعان ما حضر الجميع إلى منزل غامي بلمح البصر.

لكن، تبيّن في نهاية المطاف أنّ بطاقتها لم تكن رابحة.

لم يبدُ على غامي الكثير من الانزعاج لأنّها لم تصبح مليونيرة، وأظنّ أنّها حصلت على ما تريده حقًّا.

أتمنّى أن أعيش حتّى أبلغ الخامسة والتسعين. وإن حصل ذلك، فأنا أؤكّد لك أنّني سأعبث مع الناس أيضاً.

ما يثير توتّري حيال الذهاب إلى منزل غامي في تشرين الثاني هو أنّ الوقت قد حان بالنسبة إليّ لسماع "الحديث". فكلّما بلغ شخص ما في الأسرة سنّي تقريباً، تجُلسه غامي إلى جانبها، وتتحدّث إليه عن أمور لا يعرفها أحد. أعتقد أنّها حكَمُ مسنّين، أو شيء، من هذا القبيل.

آخر شخص سمع «الحديث» من غامي كان رودريك. والآن، حان دوري. أتمنّى أن ينفصل العمّ غاري عن صديقته لكي لا أضطرّ إلى الذهاب إلى هناك، لأنّ الموضوع بأكمله يثير أعصابي.

<u>الخميس</u>

أتت إلى مدرستنا معلّمةُ رياضيات جديدة تدعى السيّدة ماكلروي.

كانت تدرّس في صفوف الحضانة، ولا أظنّ أنّها مولعة بطلّاب المرحلة المتوسّطة.

تبدأ حصّة الرياضيات بعد حصّة التربية البدنية مباشرة. لذلك، ندخل صفّ السيّدة ماكلروي ونحن نتصبّب عرقًا من كثرة التمرين.

اشتكت السيّدة ماكلروي لدى المدير، وقالت إنّها لا تستطيع التدريس في صفّ رائحته كريهة مثل «بيت القردة»، فقال المدير إنّ على الأولاد من الآن فصاعدًا الاستحمام بعد ممارسة الرياضة.

في الواقع، يمكنني القول إنّ معظم الأولاد في صفّي لم يوافقوا على هذا القرار.

الشخص الوحيد الذي ناسبه ذلك كان رودجر تاونسند، لكنّه مُنع مرّتين. وعلى أيّ حال، إنّه رجل تقريباً.

لذا، قرّرنا نحن الباقون الادّعاء بأنّنا استحمّنا. ولهذا، بعد انتهاء حصّة التربية البدنية أمس، تناوبنا على بلّ شعرنا بالماء، لنبدو وكأنّنا استحمّنا.

لا أعرف إن كنّا قد خدعنا حقًا السيّدة ماكلروي، ولكن لا أظنّ أبداً أنّها ستدخل حجرة الأولاد للتحقّق من ذلك.

يذكّرني موضوع الاستحمام هذا بحادثة وقعت في الصيف، عندما كنتُ وراولي لا نزال صديقين. كنتُ أقصد منزل راولي كلّ يوم تقريباً، لكنّ المشكلة كانت في اضطراري إلى المرور بمنزل فريغلي في كلّ مرّة.

وذات يوم، أخبرني رودريك أنّه بإمكاني الذهاب من منزلنا إلى أعلى التلّ عبر الزحف داخل أنبوب الصرف الصحّي.

قرّرتُ أن أعرف إن كان محقًّا. وصدّق أو لا تصدّق، كان كلامه صحيحاً. وجدتُ أنبوب الصرف الصحّي مظلماً وقذراً جدًّا. ولكنّ عبوره كان يستحقّ العناء لتجنّب فريغلي.

وعندما انطلقت عائداً إلى البيت، عَبَرْتُ الأنبوب مجدّداً.

لكن، كان علّي على الأرجح الاستحمام في الحديقة باستعمال خرطوم المياه الموجود هناك، لأنّ أمّي بدت مرتابة عندما دخلتُ المنزل.

عرفت أنّ أمّي ستغضب إن اكتشفَت أنّني زحفتُ عبر أنبوب الصرف الصحي، لذا لم أقل شيئاً. لكنّها طلبت منّي الاستحمام قبل تناول العشاء. وعندما خرجتُ من الحمّام، وجدتُ شيئاً على سريري.

فتحتُ غلاف الهدية، ووجدت مستحضراً مزيلاً للرائحة وكتاباً.

وضعتُ مزيل الرائحة على المنضدة، لكنّني رميتُ الكتاب في سلّة المهملات. كنتُ قد رأيتُ هذا الكتاب من قبل. فلا بدّ أنّ أمّي اشترت الكتاب نفسه لرودريك عندما كان في مثل سنّي، وعثرتُ عليه في درج أغراضه يوماً. صدّقني، لا أحتاج إلى رؤية الصور الموجودة في ذلك الكتاب مرّة أخرى.

الأسوأ هو أنّ أمّي جعلتني الموضوع الذي تناولته في زاويتها في المجلّة المحلّية ذلك الأسبوع. إنّها لم تذكرني بالاسم، ولكنّني لا أعتقد أنك بحاجة إلى محقّق لمعرفة الشخص الذي تتحدّث عنه.

مرحلة البلوغ الصعبة

سوزان هيفلي

عندما يبدأ الولد بملاحظة التغييرات التي ترافق سنّ المراهقة قد يشعر بالانزعاج أو الارتباك أو الخوف. ولكن، بفضل التوجيه الصحيح، يصبح بإمكانه أن يتقبّل الانتقال إلى سنّ الرشد، وأن يستقبله بحفاوة. بدأ ابني الثاني مؤخّراً رحلته الرائعة إلى هذه المرحلة الجديدة.

الأحد

دعتنا أمّي الليلة إلى "اجتماع عائلي". هذه الاجتماعات لا يكون وراءها خير أبداً. في المرة الأخيرة التي عقدنا فيها اجتماعاً عائلياً، اشتكت أمّي من وضع الحمّام.

58

وقالت إنّها تعبت من تنظيف الأرض المحيطة بكرسيّ المرحاض بسبب "سوء تصويبنا".

عرفتُ بالضبط ما كانت تتحدّث عنه. ففي إحدى المرّات، تأخّرتُ عن الحافلة لأنّني اضطررت إلى دخول المرحاض بعد ماني.

كلّ ما أستطيع قوله هو إنّني لستُ المسؤول عن تلك المشكلة. فرودريك يستخدم المرحاض من دون أن يضيء المصباح. لذا، قالت أمّي إنّ القانون الجديد يفرض علينا نحن الذكور الجلوس في كلّ مرّة نستخدم فيها المرحاض، مهما كان السبب.

لكنّ تلك الفكرة لم تعجب أحداً منّا. عندها، اقترح رودريك أن نقوم بشراء عدد من المباول، لأنّنا نحن الذكور أكثر عدداً. أضف إلى ذلك أنّه بتلك الطريقة يمكن لأكثر من شخص استخدام المرحاض في الوقت نفسه.

لكنّ أمّي قالت إنّ هذا الحلّ «مبتذل»، واستخدمت حقّ الفيتو لصرف النظر عن الفكرة.

ظننتُ أنّ اجتماع الليلة سيكون لمتابعة الاجتماع المرتبط بالحمّام، لأنّ لا أحد منّا طبّق قانون الجلوس، وأصبح الوضع أسوأ من أيّ وقت مضى. لكنّ هذا الاجتماع تناول موضوعاً مختلفاً تماماً.

فقد قالت لنا أمّي إنّها ستعود إلى المدرسة، وستبدأ بحضور الصفوف بضع مرّات في الأسبوع.

في الواقع، فاجأني الخبر تماماً. فأمّي موجودة دائماً عندما أرجع من المدرسة، وهذا يعجبني.

لكنّ أمّي قالت إنّها بعد كـلّ تلك السنوات التي أمضتها في المنزل معنا نحن الأولاد، أصبحت بحاجة إلى شيء يحفز عقلها. لذلك، قرّرَت أخذ دروس لمدّة فصل واحد، وسترى كيف ستسير الأمور.

أظنّ أنّني أستطيع أن أفهم سبب رغبة أمّي، لأنّني لو فعلتُ ما تفعله كلّ يوم، لفقدتُ عقلي أنا أيضاً على الأرجح.

قالت أمّي إنّه سيتوجّب علينا نحن الرجال إعداد العشاء بضع ليالٍ في الأسبوع، وتولّي واجبات كانت تقوم بها هي عادة.

وإعداد الغداء من بين هذه الواجبات. ولأكون صادقاً معك، سررتُ لأنّنا أصبحنا مسؤولين عن هذه المهمّة.

فأمّي تكتب لنا ملاحظات على أكياس غدائنا كلّ يوم، ويمكنني حتماً الاستغناء عن ذلك.

<u>الأربعاء</u>

حسناً، كانت الليالي الأولى التي غابت فيها أمّي كارثة. فقد حاولنا إعداد العشاء بأنفسنا يوم الاثنين، لكنّ أحداً منّا لم يعرف ماذا يفعل.

كلّفنا ماني بإعداد الشاي المثلّج، ولكنّنا لم نتمكّن من شربه لأنّه حرّكه بيديه.

63

تولّى رودريك إعداد اللحم المشويّ، لكنّه نسيَ إخراجه من الكيس قبل إدخاله إلى الفرن.

وهكذا، تخلّينا عن فكرة إعداد الطعام في المنزل، وذهبنا للنأكل في الخارج. وعندما خرجنا من المطعم، بصق رودريك «علكته» على بعض الفراشات التي كانت تطير حوله، ولكنّه أصاب أبي من دون أن يقصد.

طارد أبي رودريك في موقف السيّارات، لكنّ رودريك كان سريعاً جدًّا في الواقع، فلم يتمكّن أبي من اللحاق به. وفجأةً، تعثّر أبي بالرصيف ولوى كاحله.

نقل رودريك أبي إلى غرفة الطوارئ. وعندما سألَته الطبيبة عن كيفية إصابته كاحله، قال إنّه لم ينتبه في أثناء سيره فتعثّر بإحدى عربات ماني.

فهمتُ نوعاً ما لماذا لم يشأ أبي قول الحقيقة . ففي إحدى المرات كسرتُ يدي، وقلتُ للجميع إنّني كسرتها في عراك . ولكنّ ما حدث بالفعل هو أنّني حاولتُ الوقوف بعد أن شعرت بخدر في ساقيّ من كثرة الجلوس على كرسيّ المرحاض . لكنّني فضّلت رواية الحادثة بطريقة مختلفة .

إذاً، لم يمضِ على غياب أمّي سوى بضعة أيّام، وها قد بدأت حياتنا تنهار . حصلت حتّى الآن حادثة خطيرة واحدة، ومن يعرف ما الذي يخبئه لنا القدر؟

الخميس

أحضرنا معنا إلى المنزل ما تبقى من طعام بعد أن تناولنا وجبة سباغيتي في المطعم ، وهذا ما تناولناه على العشاء . فقد كان والدي مضطرًا إلى التأخّر في العمل، فاتّصل برودريك وطلب منه تسخين السباغيتي لنا في المايكروويف .

أعطاني رودريك طبقي أوّلاً، وعندما فعل ذلك قال:

نفختُ على طبقي قليلاً لكي يبرد الطعام. لكنّ ما لم أعرفه هو أنّ رودريك لم يسخّن السباغيتي في المايكروويف فعلاً، بل ادّعى ذلك وحسب.

لذلك، عندما تناولتُ قطعة لحم وجدتها باردة كالثلج.

بعد تلك التجربة، أشكّ في أنّني سأتمكّن يوماً من تناول بقايا الأطعمة مرّة أخرى.

وفكرة كيس الغداء لم تنجح أيضاً. ففي هذا الأسبوع، كُلّف رودريك بإعداد الغداء، فما كان منه إلاّ أن كتب ملاحظة على كيس غدائي، مثلما تفعل أمّي تماماً.

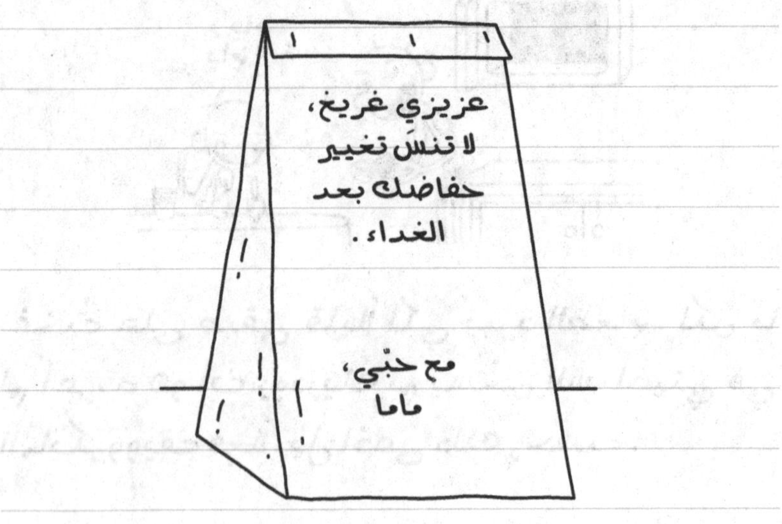

لم أكلّف نفسي عناء تناول الشطيرة لأنني لم أرَ رودريك قطّ وهو يغسل يديه، ولو لمرّة واحدة.

كانت مهمّتي لهذا الأسبوع هي الغسيل، وكنت أتوق إلى انتهاء مناوبتي . يجب أن يكون قيام الولد بطيّ ملابس أمّه الداخلية مخالفاً للقانون .

<u>الجمعة</u>

لعلّ أكبر التغييرات التي طرأت على حياتي لدى عودة أمّي إلى الدراسة إنجازي فروضي بمساعدة أبي . فمع احترامي لأبي، إنّ أمّي أكثر براعة منه بكثير في مساعدتي على إنجاز الفروض . فعندما تساعدني أمّي، تعطيني عموماً جميع الأجوبة، فأنهي دروسي في غضون عشر دقائق .

الأمر يختلف تماماً مع أبي. فهو يريد أن يعلّمني كيف أقوم بالعمل، وهذا الأمر يستغرق وقتاً أطول بكثير. أضف إلى ذلك أنّه ترك المدرسة منذ زمن طويل، لذلك عليّ أن أجلس منتظراً قراءته كتبي واسترجاعه معلوماته.

لكنّ مادّة الرياضيات هي الأسوأ. وأظنّ أنّهم يعلّمون الرياضيات هذه الأيّام على نحو مختلف تماماً عمّا كانت عليه حين كان أبي صغيراً. لذلك، يشعر أبي بالإحباط من القواعد الجديدة، ويحاول تعليمي هذه المادة كما تعلّمها.

كما أنّ أبي يلعق إبهامه وسبّابته ليتمكّن من قلب الصفحات بسهولة. وعندما يفعل ذلك، أحاول أن أتذكّر الصفحات التي قلبها لكي لا ألمس لعابه.

ولكن، مع كلّ هذه الأرقام في رأسي، لا يبقى هناك مجال كبير لحلّ المسائل الرياضية.

عندما يساعدني أبي في فروضي فأنا أعرف تماماً متى أرتكب خطأ، لأنّ أبي يغضب منّي ويزفر بقوّة. لذلك، صرتُ أضع فوطة أطباق على ذراعي ونحن نحلّ تمارين الجبر.

وعندما نُنهي الفروض، تكون ساعتان قد مرّتا، وحان موعد نومي. كلّ ما أستطيع قوله هو إنّني آمل أن تنهي أمّي دروسها بسرعة، لأنّني شخص يحتاج فعلاً إلى مشاهدة التلفزيون في المساء.

<u>الاثنين</u>

بدأ موضوع مادّة الرياضيات يسبّب لي مشكلة. فالامتحانات على الأبواب، وسمعتُ أنّ الأساتذة لن يحصلوا على علاوات إن لم تكن علاماتنا مرتفعة. لذلك، كنّا نتعرّض نحن الأولاد لضغط كبير، وهذا أمر مزعج. أذكر أنّنا عندما كنّا في الحضانة، كانت الرياضيات ممتعة حقًّا.

قالت السيّدة ماكلروي إنّنا إن لم نحصل على علامات مرتفعة في الاختبار، فسنخسر شيئاً مهمًّا بالنسبة إلينا، وسيستبدل صفّ الموسيقى بالحجز، أو شيٍ، من هذا القبيل. لكنّني لا أظنّ أنّ الأولاد فهموا الوضع على حقيقته. فقبل بضعة أسابيع، أجرينا مسابقة في الرياضيات، وقالت السيّدة ماكلروي إنّ فتح الكتب مسموح؛ ما يعني أنّنا نستطيع الاستعانة بملاحظاتنا وكتبنا.

ثمّ غادرت الصفّ لإنجاز شيٍ، ما. وحالما خرجَت، عمّت الفوضى.

عمليًا، رسب الجميع في المسابقة لأنّهم كانوا يستخدمون أوراق الدفاتر والكتب.

وهكذا، بناءً على تلك الحادثة، لا أظنّ أنّه يجب على السيّدة ماكلروي وضع خطط كبيرة لكيفيّة إنفاقها علاوتها.

تشرين الأوّل

الثلاثاء

هذا المساء، فيما كنت جالساً على الأريكة، اقترب منّي والدي وهو يبدو منزعجاً من شيءٍ ما. فقد أراد أن يعرف لماذا لم أُفرغ سلّة المهملات هذا الصباح كما طلب منّي.

قلتُ له إنّه مخطئ، لأنّه لم يأتِ على ذِكر سلّة المهملات أمامي على الإطلاق. لكنّه قال إنّه طلب منّي ذلك في الليلة الفائتة بينما كنتُ أتسلّى بألعاب الفيديو. ولأكون صريحاً معك، بدا لي ذلك مألوفاً نوعاً ما.

إن كنتُ قد نسيت، فهذا ليس ذنبي. في الواقع، لديّ طريقة عظيمة حقًا لتذكّر الأشياء.

كما تعرف، يـدوّن بعض الناس ملاحظات عندما يحتاجون إلى تذكّر أمر ما. حسناً، أظنّ أنّ هذه الطريقة تحتاج إلى مجهود كبير، كما أنّ فيها استهلاكاً للكثير من الأوراق.

لنفترض أنّني مستلقٍ على السرير، فتدخل أمّي وتطلب منّي أخذ ورقة طلب الإذن معي إلى المدرسة في الصباح. في هذه الحالة، لا أغادر فراشي لتدوين ملاحظة، بل أرمي إحدى وسائدي عبر الغرفة.

وعندما أستيقظ في الصباح وأتوجّه إلى الباب، أرى الوسادة، فأقول لنفسي : «أوه، لِمَ الوسادة هنا؟».

ثمّ أتذكّر: «آه، أجل، عليّ أخذ ورقة طلب الإذن معي إلى المدرسة». هل فهمتَ قصدي؟ إنّها طريقة مضمونة تماماً.

لدى التفكير في الأمر الآن، أظنّ أنّني تركتُ بالفعل ما يذكّرني بضرورة التخلص من النفايات. وأذكّر تحديداً أنّني وضعتُ جوربي على التلفاز قبل أن أذهب إلى السرير لأذكّر نفسي في الصباح.

وإن كان أبي قد فعل شيئاً أفسد نظامي، فهو وحده الملوم على ذلك.

لكنّ أبي لم يتغاضَ عمّا حدث. وقال لي إنّه يجب عليّ أن أكون «مسؤولاً» أكثر بما أنّني صرت أكبر سنًّا.

سمعتُ أبي يقول شيئاً كهذا من قبل . ففي أسابيع الصيف الأخيرة، طلبت مني جارتنا الآنسة غروف الاعتناء بنباتاتها في أثناء سفرها في رحلة عمل . حسناً، قمتُ بذلك في الأيّام القليلة الأولى، ثمّ انشغلتُ حسب ما أظنّ بأشياء أخرى .

وعندما سألني أبي عن النباتات، أدركـتُ أنّني لم أذهب إلى هناك منذ أسبوع على الأقـلّ . لذا، أسرعت لإحضار مفتاح منزل الآنسة غروف لكي أروي نباتاتها، لكنّ المفتاح لم يكن في مكانه المعتاد .

قلبتُ المنزل رأساً على عقب بحثاً عنه، ولكنّني لم أجده .

تبيّن لاحقاً أنّ سبب اختفاء المفتاح هو أنّه لم يكن في البيت. فقد تركته في قفل باب منزل الآنسة غروف، وقد عثرَت عليه هناك عندما عادت من رحلتها.

ثار غضب الآنسة غروف لأنّ مفتاح بيتها كان متروكاً في قفل الباب. لكن، من وجهة نظري، يجدر بها أن تكون سعيدة لأنّ منزلها لم يتعرّض للسرقة.

حزنت أيضاً على نباتاتها، لأنّ معظمها ذبُل مع الأسف. وعندها، اقترحتُ عليها شراء صبّار أو نبتة أخرى لا تحتاج إلى الكثير من الماء لتعيش.

وهكذا، سيكون كلّ شيء، على ما يرام إن أضعتُ مفتاحها في المرّة القادمة التي تسافر فيها في رحلة عمل.

لكنّ الآنسة غروف قالت إنّها لن تطلب مني مساعدتها مرّة أخرى، حتّى لو اعتمدت حياتها على ذلك. ثمّ أرسلتني إلى منزلي من دون أن تدفع لي. وهذا غير لائق، لأنّني أمضيتُ وقتاً طويلاً وأنا أبحث عن ذلك المفتاح.

على أي حال، أظنّ أنّ تلك الحادثة ما زالت حيّة في ذهن والـدي، لذلك تحـدّث إلـيّ عـن موضوع «المسؤوليّة» مجدّداً.

آمل أن يتر كَ أبي جواربي على التلفاز في المرّة القادمة، لكي لا تصل الأمور إلى هذا الحدّ.

في الواقع، أبي جادّ فعلاً في تحميلي مسؤوليّة أكبر. وأوّل ما يريد مني فعله هو الاستيقاظ بمفردي في الصباح.

وهذه مشكلة حقيقية، لأنّني أعتمد عليه لإيقاظي.

هكذا تسير الأمور منذ سنوات، ولا أرى سبباً لتغييرها الآن.

قال لي أبي إنّني إن لم أعتد على الاستيقاظ بالاعتماد على المنبّه فلن أتمكّن من القيام بذلك عندما أصبح في الجامعة.

لكنّني تصوّرتُ دائماً أنّ هذه هي الطريقة التي
ستُبقينا أنا وهو على تواصل .

أمس، حاولتُ للمرّة الأولى الاستيقاظ بمفردي، ولم
أنجح تماماً. فقد رنّ المنبّه، ولكنّ الصوت سلك
طريقه إلى حلمي .

واليومَ، لم تسِر الأمور بشكل أفضل. فقد ضبطتُ المنبّه على "المذياع"، ووضعته على إذاعة تبثُّ الموسيقى الكلاسيكية لأنّني لم أرغب في سماع رنين مزعج في الصباح. لكنّ الموسيقى لم توقظني أيضاً.

تكمن المشكلة في أنّ عقلي يجد دائماً حجّة ما لمواصلة النوم ما لم يوقظني شخص ما. لكن، أظنّ أنّني وجدتُ حلاً لمشكلة المنبّه تلك. فقد عثرتُ على أحد تلك المنبّهات قديمة الطراز ذات الزنبرك في المستودع اليوم، وهو يُصدر ضجيجاً هائلاً عندما يرنّ.

جرّبته لأتأكّد من أنّه في حالة جيدة، فتبيّن لي أنّه
ما زال يعمل .

لا أظنّ أنّ أحداً يستطيع النوم عند سماعه صوتاً
كهذا. المشكلة الوحيدة هي أنّ المنبّه لا يحتوي
على نظام معاودة الرنين، وخشيت أن أوقفه عن
العمل وأستغرق في النوم مجدّداً.

لذلك، وضعتُ المنبّه تحت سريري هذه الليلة .
وهكذا، عندما ينطلق المنبّه فسأضطرّ إلى النهوض
لإيقافه، وعندها سأكون قد استيقظت .

<u>الجمعة</u>
تبيّن أنّ المنبّه الجديد يسبّب بعض المشاكل .

فبوجود منبّه ذي زنبرك يصدر صوتاً تحت سريري، شعرتُ وكأنّني نائم على قنبلة موقوتة. لذا، بقيتُ مستيقظاً من شدّة التوتّر حتى ما بعد منتصف الليل.

في اليوم التالي، رحتُ أمشي في المدرسة وأنا نائم. لم يسبّب ذلك أيّ مشكلة إلى أن ذهبنا لحضور اجتماع. ووقفنا في الصفّ لدخول القاعة، واستندتُ إلى الجدار.

لا بدّ أنّني غفوتُ للحظة، لأنّ يدي انزلقت وضغطتُ على جرس الإنذار عن غير قصد.

وعندها، اضطُر الجميع إلى إخلاء المدرسة. وبعد ثلاث دقائق، وصلت مجموعة من سيارات الإطفاء.

بعد أن اكتشفوا عدم وجود أيّ حريق، سمحوا للجميع بالعودة إلى المدرسة. وقال المدير عبر مكبّر الصوت إنّ مَن أطلق جهاز الإنذار سيُفصَل مؤقّتاً، وإنّ عليه تسليم نفسه.

لا أعرف الكثير من الأمور. ولكن، حسب ما أظنّ، لا يجب أن يتم الإعلان عن العقاب قبل أن يُطلب من الناس تسليم أنفسهم. لذلك قرّرتُ أن أتصرّف بذكاء وألتزم الصمت حتّى تمرّ هذه العاصفة.

بعد الحصّة الثالثة، بدأت شائعة تسري بين الطلّاب، وقيل إنّ جهاز الإنذار يُطلق سائلاً غير مرئي عندما تضغط عليه، وإنّ الأساتذة يملكون عصا خاصّة للتصوير الشعاعي يستخدمونها لرؤية السائل على اليد. وبالتالي، فإنّها مسألة وقت قبل أن يكتشفوا هويّة الفاعل.

ومع مرور الوقت، بدأ الجميع يتساءلون عمّا إذا كان الأساتذة هم الذين أطلقوا الشائعة ليروا الطالب الذي سيقصد الحمّام أوّلاً لغسل يديه. وقالوا إنّها مجرّد خدعة.

وهذا ما سبّب الذّعر للجميع .

وهكذا، امتنع الجميع عن الذهاب إلى الحمّام . ومن كان مضطرًا إلى دخول الحمّام، فقد اضطرّ إلى السيطرة على نفسه حتّى نهاية اليوم .

وفي النهاية، قرّر المدير إغلاق المدرسة باكرًا لأنّ أحدًا لم يغسل يديه، مع أنّنا في فصل يصاب فيه الناس بالأنفلونزا بسهولة .

كانت أمّي تدرس في المكتبة، لذا اضطررت إلى
الاتصال بأبي في العمل، وطلبت منه المجيء
لاصطحابي من المدرسة باكراً. غير أنّه لم يبدُ
مسروراً جدًّا بذلك.

لكن، لو لم يجبرني والدي على الاستيقاظ بمفردي
لما حدث شيءٌ من هذا.

<u>الأربعاء</u>

بدأنا فصلاً جديداً في مادّة الصحّة بعنوان "حقائق
من الحياة"، ويبدو أنّه يتناول جميع المسائل التي
كنّا ندور حولها خلال الشهرَين الفائتَين. أرسلوا معنا
طلبات إذن إلى البيت، وإن لم يتمّ التوقيع على
طلبك، فلن يُسمح لك بحضور الصفّ في ما تبقّى
من الفصل.

في الواقع، لا تُعجبني طلبات الإذن تلك على الإطلاق. فأمّي لا تسمح لي سوى بمشاهدة الأفلام المناسبة لسنّي، لذلك عرفتُ أنّها لن تسمح لي أبداً بحضور الصفّ.

وللتحايل على تلك المشكلة، طبعتُ ملاحظة مزوّرة وألصقتها فوق طلب الإذن الأصلي.

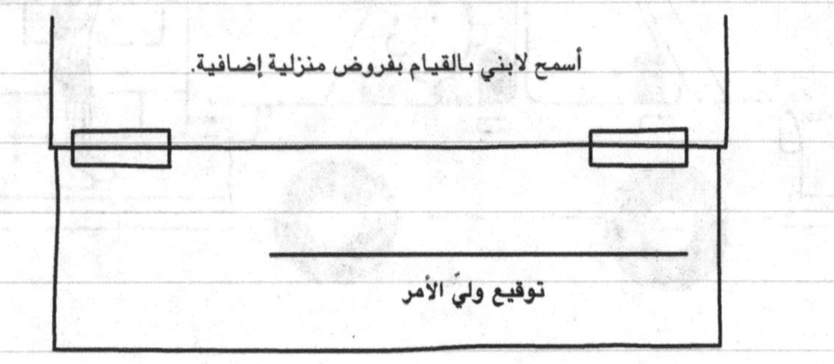

لحسن الحظّ، لم تنظر أمّي إلى الورقة عن كثب، فحصلتُ على التوقيع الذي أحتاج إليه.

في الواقع، أنا مسرور لأنّنا سنتعلّم بعض الأمور من «حقائق من الحياة»، لأنّ هناك أسئلة كثيرة تراودني حول هذه المواضيع، ولا أملك طريقة موثوقة لأحصل من خلالها على الأجوبة.

كلّ ما أعرفه تقريباً في هذا المجال يأتي من ألبرت ساندي، وقد بدأتُ أتساءل عمّا إذا كان يزوّدني بمعلومات خاطئة. ففي الأسبوع الماضي، قال للجميع الذين كانوا جالسين إلى الطاولة لتناول الغداء إنّه من المستحيل طبّياً أن تُخرج الفتاة ريحاً.

حسناً، أعرف أنّ هذا ليس صحيحاً منذ أن حضنَت أمّي العمّة دوروثي ليلة الميلاد.

على أيّ حال، كان اليوم أوّل يوم من فصل «حقائق من الحياة». وبكلّ تأكيد، أرسلَت السيّدة باول الأولاد الذين لم يُحضروا طلبات الإذن الموقّعة إلى المكتبة لأداء دور «مساعدين خاصّين».

أمّا نحن الذين بقينا في الصّفّ، فقد كنا متحمّسين للغاية، وبالكاد نستطيع الانتظار لسماع المعلومات الممتعة التي ستخبرنا إيّاها السيّدة باول.

لكنّ الأمور لم تسر كما توقّعتُ إطلاقاً. فقد رسمت السيّدة باول بعض الجداول على اللوح، وبدأت تتحدّث عن «الخلايا الملقّحة» و«الكروموسومات»، وتتفوّه بكلمات عديدة أخرى من الهراء العلمي.

بقيتُ منتظراً أن تخبرنا السيّدة باول أنّ هذا كلّه ليس سوى مزحة، وأن تبدأ بالحديث عن الأمور المشوّقة، لكنّ هذا لم يحدث. لذلك، أعتقد أنّ إدارة المدرسة تحاول إرباكنا لكي نكفّ عن الاهتمام بالموضوع.

على أيّ حال، إن كانت إدارة المدرسة تحاول إرباكنا فعلاً، فقد نجحت في ذلك. فقد حاولنا في أثناء تناول الغداء أن نشرح ما تعلّمناه في فصل «حقائق من الحياة» للأطفال الذين لم يحصلوا على إذن للحضور، ولكنّنا لم نستطع الاتّفاق على رأي واحد.

الأمر الثاني الذي تكفّل به أبي خلال دراسة أمّي هو اصطحابنا إلى عيادة طبيب الأسنان .

معظم الأولاد لا يحبّون زيارة طبيب الأسنان ، لكنّني في الواقع أتوق إليها . فأنا أزور طبيب الأسنان نفسه منذ أن كنتُ في الثانية من عمري ، وعمله يلائمني تماماً .

لكنّ السبب الأساسي الذي يجعلني أتوق إلى زيارة طبيب الأسنان هو أنّني مغرم للغاية بالأخصّائية الصحّية التي تعمل هناك ، رايتشل .

تنصحني رايتشل دائماً بتنظيف أسناني بالفرشاة والخيط وغير ذلك. ولكنّها لطيفة جدًّا إلى حدّ أنّه يصعب أخذ كلامها على محمل الجدّ.

تلحّ عليّ أمّي دائماً لأنظّف أسناني بالخيط. وتقول إنّني إن لم أعتنِ بأسناني بشكل أفضل، فسأضطرّ إلى وضع أسنان اصطناعية قبل أن أذهب إلى الجامعة.

فكّرتُ في ذلك مليًّا، قد لا تكون الأسنان الاصطناعية فكرة سيّئة جدًا.

لو كنتُ أملك أسناناً اصطناعية، لطلبتُ من شخص آخر العناية بها، وبذلك سأمضي وقتاً أطول في القيام بأشياء ممتعة.

المشكلة الوحيدة عندما تغرم بأخصّائيتك الصحّية هي أنّك لا تراها سوى كلّ ستّة أشهر، أي عندما تذهب لتنظيف أسنانك. لذلك، أُضطرّ إلى استغلال الزيارة إلى أقصى حدّ.

في الزيارة الماضية، نظرتُ إلى عينَي رايتشل طيلة الوقت وهي تنظّف أسناني، لكي تعرف أنّني مهتمّ بها حتماً.

هذا الصباح، ذهبتُ واشتريتُ عطراً لأتركَ لديها انطباعاً أفضل. وهكذا، عندما ناداني أبي للمغادرة كنتُ جاهزاً.

لكنّ أبي تجاوز عيادة طبيب الأسنان وسلك الطريق السريع. قلتُ له إنّه تجاوز المنعطف، وإنّ عيادة طبيب الأسنان اللمسة الحنون تقع في ذلك الشارع.

لكنّ أبي قال لي إنّني أصبحتُ «كبيراً جدًّا»، وما عاد بإمكاني أن أقصد طبيب أسنان للأطفال. ومنذ هذا اليوم فصاعداً سيأخذني إلى طبيب أسنانه، د. كاغان.

انتابتني قشعريرة عندما لفظ اسمه. وكان قد سبق لي أن رأيتُ لافتة لعيادة د. كاغان على الطريق، تركت لديّ انطباعاً بأنّ أسلوبه مختلف تماماً عن أسلوب عيادة اللمسة الحنون.

حاولتُ إقناع أبي بتغيير رأيه، لكنّه قال إنه أنجز الأوراق اللازمة لنقلي، وإنّنا لا نستطيع العودة إلى الوراء. فكّرتُ في الهرب، لكنّ أبي أدرك ذلك على الأرجح، لأنّه أقفل أبواب السيّارة.

كانت عيادة د . كاغان مخيفة أكثر ممّا تخيّلت . فهو
لا يملك أيّ دفاتر تلوين أو ألعاب كتلك الموجودة في
غرفة الانتظار في عيادة اللمسة الحنون .

كان د . كاغان ينتظرني في عيادته، وكانت كلّ
أدواته المعدنية الحادّة وحفّاراته مكشوفة في العراء
لأراها عند دخولي .

إذاً، يمكن القول إنّ هذا الرجل لم يكن يمزح .

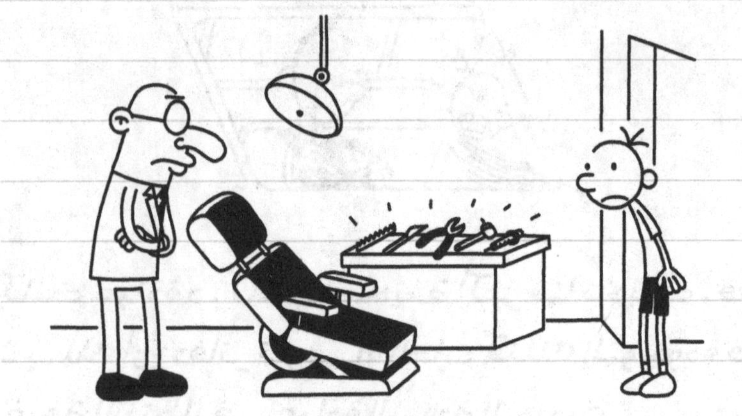

بعدما جلستُ على الكرسيّ، بدأ د. كافغان بانتقاد عاداتي في الأكل والشرب . ثار غضبه عندما عرف أنّني أتناول المشروبات الغازية، وذهب إلى الغرفة المجاورة وأحضر مرطباناً يحتوي على سائل بنّي فيه سنّ متآكلة .

أخبرني أنّ هذا ما يحدث للأسنان عندما نُترك في شراب غازي لمدّة أربع وعشرين ساعة . فقلتُ له إنّني سأحرص على عدم ترك أسناني في مرطبان ملي ، بالمشروبات الغازية طيلة الليل . أنا واثق أنّه ظنّ أنّني أسخر منه، لكنّني كنتُ أحاول أن أُظهر له أنّني أنتبه إلى ما يقوله .

بعد ذلك، بدأ بتنظيف أسناني . أحسست بالخوف، لأنّ الشخص الوحيد الذي لا ينبغي إغاظته هو الرجل الذي يحمل أدوات معدنية ويقحمها في فمك .

قام د . كاغان أيضاً بالتقاط صور شعاعية لأسناني . فقد وضع قطعة بلاستيكية بين أسناني وطلب منّي أن أعضّ عليها، ثمّ التقط صورة شعاعية، وجهّز القطعة البلاستيكية التالية .

بعد صورتين أو ثلاث، بدأتُ أعتاد الأمر. لذا، عندما أراد د. كاغان تصوير أضراسي، عضضتُ على القطعة البلاستيكية قبل أن يطلب منّي ذلك. على الأقلّ، ظننتُ أنّني أعضّ على القطعة البلاستيكية. ولكن، تبيّن لي أنّني عضضتُ على إصبع د. كاغان.

حسناً، إن كان غاضباً منّي سابقاً فذلك لا يقارن بحالته الآن.

طلب منّي د. كاغان الذهاب إلى غرفة الانتظار ريثما يقوم بتشخيص حالتي. كنتُ واثقاً أنّه سيذهب لإخبار أبي أنّني أحتاج إلى إزالة عصب أو شيء من هذا القبيل لكي ينتقم منّي.

لكنّ د. كاغان فعَل ما هو أسوأ. فقد أخبر أبي أنّني بحاجة إلى "تدابير كبيرة" لتصحيح عضّتي، وأعطاه هذا الكُتيّب.

طلب منّي د. كاغان وضع هذا المقوّم باستمرار، وتحديداً في النهار؛ خلال دوام المدرسة. كان واضحاً أنّه يحاول القضاء على حياتي الاجتماعية.

عندما استيقظتُ هذا الصباح، لم أجد جهاز التقويم حيث تركته، فذهبتُ إلى المدرسة من دونه. علماً أنّني لا أتذمّر من ذلك.

في حصّة الصحّة، قالت لنا السيّدة باول إنّنا سنبدأ فصلاً جديداً حول تربية الأطفال. وقالت إنّ الأمومة أو الأبوّة مسؤوليّة كبيرة، وإنّنا سنتعلّم في هذا الفصل أنّ تربية الأطفال ليست أمراً سهلاً.

ثمّ حملت علبة مليئة بالبيض، وقالت لنا إنّ كلاً منّا سيأخذ معه بيضة إلى المنزل وسيعيدها في اليوم التالي.

المطلوب أن نعيد إليها البيضة سالمة، من دون شقوق وغير ذلك.

في الواقع، لا أعرف ما علاقة بيض الدجاج بالأطفال،
ولكن هذا أحد الأمور التي تدفعني إلى التساؤل عمّا
إذا كنتُ سأحصل على تعليم أفضل لو نقلني والداي
إلى مدرسة خاصّة.

ثمّ قالت السيّدة باول إنّ المحافظة على البيض هذه
تشكّل 25 بالمئة من علامتنا.

حسناً، عندما ذكرَت السيّدة باول العلامات، شعرتُ
بالتوتّر فعلاً. فأنا راسب في الجبر، ولا أريد أن أرسب
في مادة الصحّة أيضاً. عندها، عرفتُ أنّ عليّ
الحفاظ على سلامة البيضة.

لم يبدُ على بقيّة الأولاد قلق كبير على علاماتهم،
نظراً إلى ما حدث بعدما غادرنا الصفّ.

فقد سمعتُ أنّ عاملة التنظيف أمضت فترة بعد الظهيرة بأكملها في تنظيف الأروقة من صفار البيض.

الصبيّ الوحيد الذي لم يكسر البيضة على الفور بالإضافة إليّ كان راولي. وقد وضعها في جيب قميصه.

لم أكن أملك جيباً أو مكاناً آمناً آخر لأضع البيضة فيه، فبدأت أفكّر بسرعة في مكان مناسب.

وفي النهاية، أحضرتُ لفافة من المناديل الورقية الخاصة بالحمّام، وحشوتُ بها حقيبتي . وأخرجتُ منها بعض الكتب لكي لا تسحق البيضة، ممّا يعني حسب ما أظنّ أنّني لن أنجز فرض التاريخ الليلة .

على أيّ حال، البيض يوتّر أعصابي بسبب حادثة حصلت في العام الماضي .

إذ دُعِيَت أسرتي إلى منزل آل سنيلا لحضور حفل ذكرى ميلاد أحد أطفالهم . كان قد تمّ إعداد طاولة مليئة بالطعام بمختلف أنواعه، وبدت الأطعمة غريبة بالنسبة إليّ . لكنّني عرفت أنّ أمّي ستجدني فظّاً إن لم أضع شيئاً في طبقي .

الطعام الوحيد الذي عرفته كان البيض بالتوابل؛ لأنّني تناولته في منزل جدّتي بضع مرّات.

وضعتُ عشراً منها في طبقي. ولكن، عندما قضمتُ إحداها، كدتُ أختنق. فطعم البيض بالتوابل لدى آل سنيلاً لا يشبه ذاك الذي تُعدّه جدّتي. والآن لديّ طبق ملي، به.

انتظرتُ انشغال الجميع، ثمّ ألقيتُ كلّ البيض في أصيص النبتة الاصطناعية في قاعة الطعام.

نجوتُ بفعلتي. ولكن، بعد بضعة أسابيع قالت السيّدة سنيلاً لأمّي إنّ رائحة كريهة جدًّا تفوح في منزلهم، وإنّهم لا يعرفون مصدرها.

في البداية، ظنّ السيّد والسيّدة سنيلاً أنّ الرائحة صادرة من السجّادة، فاستأجرا عاملاً لتنظيفها، لكنّ ذلك لم يحلّ المشكلة. عندها، فكّرا في أنّ سنجاباً أو فأراً قد يكون ميتاً خلف الجدران الخشبيّة، فأحضرا نجّاراً ليحاول إيجاده.

وبعد بضعة أسابيع، لم يعودوا قادرين على احتمال الرائحة حسب ما أظنّ، فانتقلوا من المنزل.

وعليّ الإقرار بأنّني شعرتُ بشيء من الذنب عندما رأيتهم يأخذون نبتتهم الاصطناعية معهم .

ومنذ ذلك الحين ، وأنا أحاول أن أجد طريقة لإدخال بعض البيض بالتوابل إلى منزل فريغلي .

الثلاثاء

عندما وصلتُ إلى البيت يوم أمس، وضعتُ البيضة في درج الجوارب، لكنّني أدركتُ أنّها لن تكون بأمان هناك .

فكلّما أحضرتُ شيئاً جديداً، يجده ماني ويحطّمه .

في الواقع، احتاج ماني إلى يوم ونصف اليوم فقط ليجد مقوّم الأسنان الخاص بي. لا آبه لما قد يقوله د. كاغان، ولكنني لن أضع ذلك الشيء، في فمي مجدّداً.

فكّرتُ في أن أخبّئ البيضة على رفّ الخزانة، لكنّ ذلك لن يحول دون وصول ماني إليها. فقد خبّأتُ بعض الكتب الهزلية هناك مرّة، لكنّ ماني بارع في التسلّق كالقردة.

أدركتُ أنّني كلّما بذلتُ مجهوداً أكبر لإخفاء شيء ما، ازدادت فرصة ماني في الوصول إليه. لذا، قرّرتُ أن أخبّئ البيضة في مكان عاديّ لن يفكّر أبداً في البحث فيه.

ولهذا، وضعتها في الثلاجة على الرفّ الثاني. لكن، حين فتحتُ الثلاجة هذا الصباح لأخذها لم أجدها حيث تركتها.

شعرتُ بالذعر، وسألتُ أمّي إن كانت قد رأت ماني وهو يأخذ البيضة من الثلاجة.

لكنّها قالت إنّها هي التي أخذت البيضة، وإنها ستكون وجبة فطوري.

فجأة، شعرتُ بالغثيان، وأدركتُ أنّني إن لم أستطع الاعتناء ببيضة لمدّة أربع وعشرين ساعة، فبالتأكيد لن أتمكّن أبداً من أن أصبح أباً.

عندما وصلتُ إلى المدرسة، لاحظتُ أنّ جميع الفتيات في صفّي أحضرن إلى المدرسة البيض الذي أخذنه سالماً. كانت بعض الفتيات يضعن البيض في جيوب صغيرة قمن بخياطتها، حتّى إنّ بعضهنّ زيّنّه باللآلئ.

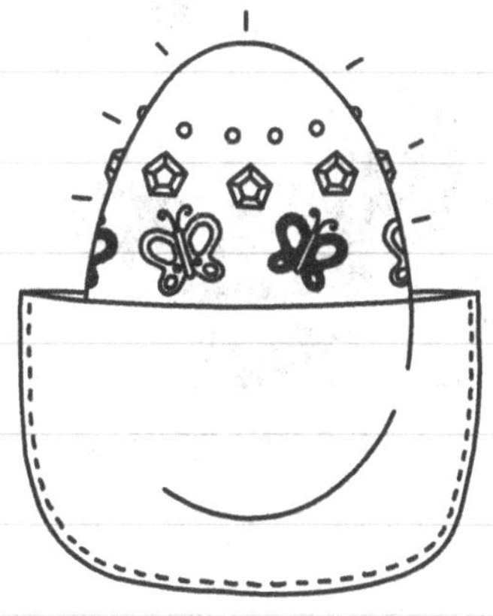

أنا واثق أنّ الهدف من هذا الدرس هو تعليمنا مدى صعوبة تربية طفل. لهذا، لا أظنّ أنّ الفتيات فهمن الرسالة فعلاً.

فكّرتُ في سرقة بيضة راولي في أثناء انشغاله وتقديمها كما لو أنّها لي، ولكنّه رسم عليها بقلمه، ممّا حال دون تحقيق ذلك.

راولي الصغير

عندما وصلت السيّدة باول إلى طاولتي، أخرجتُ الكيس الذي يحتوي على البيضة المقليّة. لكن، لم يبدُ عليها الرضى.

حسبما أعتقد، سأرتاد المدرسة في فصل الصيف على الأرجح لدراسة مادّة الصحّة مجدّداً.

هنّأت السيّدة باول كلّ من حافظ على سلامة البيضة الخاصّة به حتّى اليوم التالي. ثمّ جمعَت كلّ البيض ورمته في سلّة المهملات.

حسناً، سبّب تصرّفها هذا حالة هستيريا لدى راولي والفتيات.

لا يسعني سوى القول إنّ هذه الحادثة جعلتني أشعر بالقلق فعلاً على الجيل التالي من الآباء في بلادنا.

<u>الجمعة</u>

عصر هذا اليوم، طرق أحدهم بابنا. وعندما فتحته، فوجئتُ برؤية جدّي واقفاً هناك.

شعرتُ بشيٍ ، من الارتباك، لأنّه كان يحمل حقيبته
معه . لكن، عندما استدرتُ ورأيتُ أمّي وأبي ورأيت
حقائبهما، فهمتُ ما يجري .

قال والداي إنّهما لم يمضيا معاً وقتاً طويلاً في الآونة
الأخيرة، لذا قرّرا الذهاب لتمضية «عطلة نهاية
أسبوع رومانسية»، وطلبا من جدّي المجيِ ، للاهتمام
بنا في أثناء غيابهما .

أتمنّى لو أنّهما لم يذهبا ويرميا كلمة «رومانسية»
بتلك الطريقة، لأنّ هذا الجزءَ شكّل حتماً معلومة
زائدة بالنسبة إليّ .

لا يستطيع أبي وأمي أن يتركانا أنا ورودريك بمفردنا
في المنزل، لأنّ المرة الأخيرة التي فعلا فيها ذلك،
أقام رودريك حفلة ضخمة .

لذا، كلّما سافر والداي، كانا يتركاننا عادة مع جدّتي .
لكنّ جدّتي ذهبت في رحلة مع أصدقائها، ولهذا
السبب تركانا هذه المرّة في عهدة جدّي .

لا يعطينا والدانا إنذاراً مسبقاً عندما يرغبان في
السفر . ففي ذكرى زواجهما، لم نعلم برحيلهما إلاّ
عندما اتّصلا بنا .

في المرة الأخيرة التي تركانا فيها أنا ورودريك في
البيت مع جدّي كنّا صغيرَين فعلاً . لا أذكر جميع
الأمور السيئة التي حدثت في ذلك الأسبوع، لكنّني
أذكر أنّه أخذني لألعب الكرة في وقت غير مناسب،
وفي الملعب غير المناسب .

لا أظنّ أنّ رودريك كان سعيداً بفكرة مرافقة جدّي لنا، فما إن غادر والداي المنزل حتى غادر أيضاً.

لسوء الحظّ، لا أملك وسيلة نقل ولا رخصة قيادة، لذا علقتُ مع جدّي وماني.

ذهب ماني إلى السرير مباشرة، مع أنّ الساعة لم تكن قد تجاوزت 4:30 عصراً. وهكذا، بقيتُ مع جدّي بمفردي.

أعدّ جدّي شطائر الجبن المشوي للعشاء، وهذا النوع من الشطائر لم أتناوله منذ أن كنتُ صغيراً جدًّا. شاهدنا بعض البرامج التلفزيونية. ولكن، عند الساعة 7:00 أطفأ جدّي التلفاز، وسألني إن كنتُ أريد أن يقرأ لي قصّة. لم يقرأ لي أحد قصّة قبل النوم منذ أن كنتُ في صفّ الحضانة، لكنّني لم أرغب في جرح مشاعر جدّي، ولهذا وافقتُ على ذلك.

السبت

بما أنّني خلدتُ إلى النوم عند الساعة 7:30 في الليلة الماضية، استيقظتُ باكراً جدًّا هذا الصباح.

وعندما نزلتُ إلى الطابق السفلي، رأيتُ مجلّداً كبيراً أبيض اللون على طاولة الطعام .

فجأة، فهمتُ سبب إعداد جدّي شطائر الجبن المشوي والحكاية والنوم المبكر . فقد كان جدّي يستخدم كتاباً أعدّته له أمّي عند اعتنائه بنا للمرة الأخيرة، منذ ثمانية أو تسعة أعوام .

تصفّحتُ الكتاب، ووجدته مليئاً بتعليمات حول كيفيّة العناية بنا حين كنّا صغيرين .

كان 95% منه قديماً جدًّا.

بعض ما كُتب في الكتاب كان محرجاً جدًّا. أنا مسرور لأنّني وجدتُ الكتاب قبل رودريك، وإلاّ ما كان سيكفّ عن مضايقتي به.

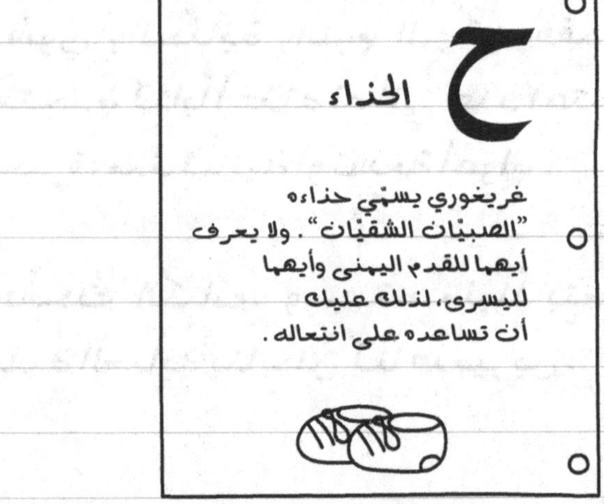

فتحتُ الصفحة التي كُتب عليها الحرف «ت»، وإليك ما وجدته :

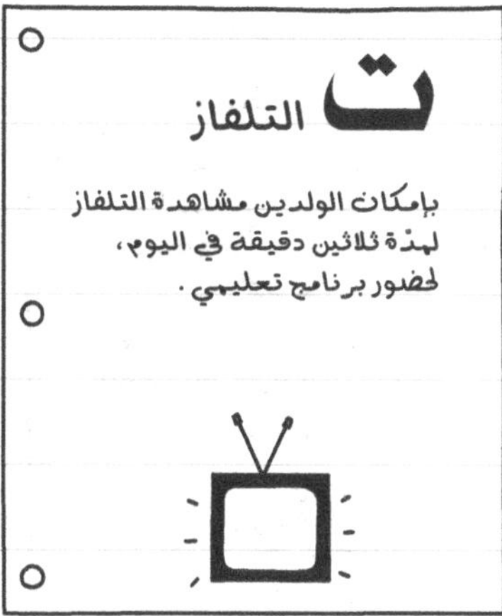

لا أعتقد أنّني سأتمكّن من البقاء على قيد الحياة خلال عطلة نهاية أسبوع كاملة أمضيها مع جدّي إن لم يسمح لي بمشاهدة التلفاز كثيراً، لذلك مزّقت تلك الصفحة وكتبتُ واحدة أخرى .

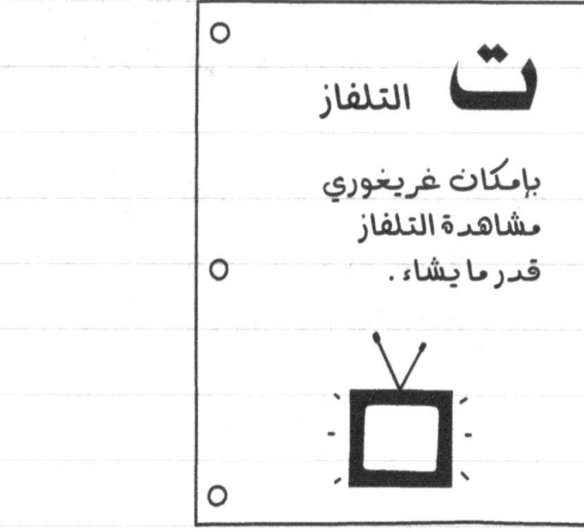

وصلت إلى الصفحة الخاصّة بالحرف «ض»، واضطررتُ إلى استبدال هذه الصفحة أيضاً.

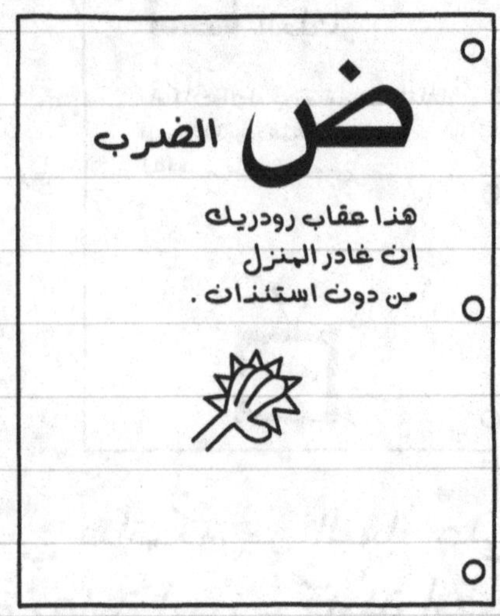

<u>الاثنين</u>

لسوء الحظّ، عاد والداي إلى البيت البارحة قبل عودة رودريك، ورجع جدّي إلى بيته. وهذا مؤسف، لأنّني علّقتُ آمالاً عريضة على الحرف "ض".

قالت أمّي إنّها تحدّثت إلى أبي مطوّلاً خلال عطلة نهاية الأسبوع، وإنّ الأمور في المنزل بدأت تخرج عن السيطرة منذ أن عادت إلى الدراسة.

تصوّرتُ أنّ أمّي ستعاتبنا نحن الصبيان لأننا لا نقوم بواجباتنا، لكنّها قالت إنّها ستوظّف مدبّرة منزل للمساعدة في تنظيف المنزل. لم أصدّق ما سمعته. استخدمَت أمي عبارة "مدبّرة منزل"، لكنّني أعرف أنّها عبارة رمزية تعني "خادمة".

أعتقد أنّ أمّي محرجة بسبب اضطرارها إلى توظيف شخص للمساعدة في أعمال المنزل، لأنّها طلبت منّي عدم ذكر ذلك أمام أيّ كان.

حسناً، أنا آسف، لكنّ فرصة كهذه لا تُعوّض، لذلك واجهتُ بعض الصعوبة في البقاء صامتاً في المدرسة.

قال شيراغ غوبتا إنّ عائلته لا تحتاج إلى خادمة، وإنّه سعيد لأنّه يجد أمّه في البيت كلّ يومٍ عند عودته من المدرسة.

لكنّني واثق أنّ هذا ما يقوله جميع الناس الذين لا يملكون خادمة ليشعروا بحال أفضل.

غداً ستحضر خادمتنا إيزابيلا للمرة الأولى. اعتقدتُ أنّ هذا يعني أنّنا نستطيع الاستراحة والتكاسل بعض الشيء، بما أنّ شخصاً ما سيقوم بالعمل نيابةً عنّا. لكنّ أمّي أجبرت الجميع على تنظيف المنزل الليلة، وقالت إنّها لا تريد أن تظنّ إيزابيلا أنّنا نعيش في «زريبة».

عندما عدتُ اليوم إلى البيت، كانت إيزابيلا في غرفة الجلوس تشاهد برنامجاً تلفزيونياً. أعتقد أنّني لا أستطيع لومها على تكاسلها لأنّنا قمنا بجميع الأعمال. لكنها بقيت لمدّة ساعتين، واستأثرت بالتلفاز تماماً.

عندما عادت أمّي إلى البيت بعد انتهاء يومها الدراسي، دُهشَت حين رأت البيت نظيفاً جدًا. لا أعتقد أنّها تذكر أنّنا نحن من قمنا بالعمل كلّه.

لكنّها بدت سعيدة، لذلك لم أشأ إفساد فرحتها.

لم أشعر بالسرور مثل أمّي. ففي الليلة الماضية، تركتُ ملاحظة لإيزابيلا أطلب منها فيها غسل ملابسي. لم أكن واثقاً إن كانت تتقبل الأوامر من ولد، لذا جعلتُ الرسالة تبدو وكأنّها من أمّي.

عزيزتي إيزابيلا،
أرجو أن تغسلي ملابس
ابني غريغوري.
مع الشكر،
السيّدة هيفلي

مبدئيًّا، يُفترض بي غسل ملابسي بنفسي، ولم أرغب في أن تعرف أمّي أنّني أطلب من إيزابيلا فعل ذلك نيابةً عنّي، فأضفتُ هذه الجملة في الأسفل:

ملاحظة: الآن وقد قرأتِ ملاحظتي، تخلّصي منها.

ثمّ وضعتُ الملاحظة فوق السلّة وتركتها هناك لتراها إيزابيلا. توقّعتُ عند عودتي أن أجد ملابسي نظيفة ومطويّة على سريري، ولكنّني وجدتُ عوضاً عن ذلك ملاحظة من إيزابيلا.

لحسن الحظّ، عدتُ إلى المنزل قبل أمّي، وإلاّ كانت ستعثر عليها.

عزيزتي السيّدة هيفلي، هل لكِ أن تخبريني مجدّداً مَن مِنَ الأولاد غريغوري؟

إيزابيلا

كان هذا اكريهاً جدًا، لأنّني اضطررتُ إلى حمل كيس الغسيل مجدّداً إلى الطابق العلوي . وفي الواقع، وجدت الصعود أصعب بكثير من النزول .

لن ترجع إيزابيلا حتّى يوم الخميس، لذلك أظنّ أنّني سأنتظر حتّى ذلك اليوم لتكرار المحاولة .

كان هذا الأمر مثيراً جدًا بالنسبة إليّ، لأنّني لم أحظَ يوماً بشخص يقوم بعملي نيابةً عنّي . فرودريك يتحايل عليّ دائماً لأنجز أعماله .

فهو يطلب منّي شيئاً، وأنا أرفض دائماً.

ثمّ يبدأ بعدٍ تنازليّ بدءاً من الرقم عشرة. لا أعرف السبب، لكنّ هذا يدفعني إلى تنفيذ طلبه في كلّ مرّة.

عِلماً أنّ هذا النوع من الحِيَل لا ينجح مع الكّبار.

ففي الأسبوع الماضي، حاولتُ أن أجعل أبي يحضر لي جهاز التحكّم الخاص بالتلفاز الذي تركته في المطبخ. لكنّه لم يحرّك ساكناً.

على أيّ حال، أتمنّى أن تنفّذ إيزابيلا طلبي يوم الخميس. فأنا أرتدي زوج الجوارب نفسه منذ بضعة أيّام، وبدأتُ أشعر بأنه كالكرتون.

<u>الخميس</u>

حسناً، أصبح الوضع سخيفاً بعض الشيء. ففي الليلة الفائتة، جررتُ كيس الغسيل مجدّداً إلى الطابق السفلي، وتركتُ ملاحظة أخرى لإيزابيلا.

عزيزتي إيزابيلا،
غريغوري هو الولد الذي ينام في غرفة النوم ذات ورق الجدران الأزرق. أرجو أن تغسلي ملابسه وتضعيها في غرفته.
شكراً لك،
السيّدة هيفلي

ولكن، عوضاً عن رؤية الملابس النظيفة، وجدتُ ملاحظة أخرى.

عزيزتي السيّدة هيفلي،
شكراً لكَ على التوضيح. والآن، هل تريدين منّي أنَ أفصلِ الملابس الداكنة عن الفاتحة، أم أغسلها معاً؟

إيزابيلا

فهمتُ الآن لعبة إيزابيلا. فهي ستستمرّ بالمماطلة إلى الأبد. من جهة، عليّ احترام مهارتها في تجنّب العمل. ولكن، من جهة ثانية، أحتاج حقًّا إلى بعض الملابس الداخلية النظيفة قريباً.

والمزعج فعلاً أنّ إيزابيلا قضت على وجباتنا السريعة.
فعندما ذهبتُ لإحضار بعض العيدان المملّحة من
الخزانة الليلة، وجدتُ الكيس فارغاً تقريباً.

لاحظتُ أنّ رقائق البطاطا قد اختفت أيضاً. وصدّق
أو لا تصدّق، تركَتْ إيزابيلا ملاحظة في الخزانة
تشتكي فيها من ذوقنا في اختيار المشتريات.

عزيزتي السيّدة هيفلي،
الرجاء أخذ العلم بأنّني أفضّل
رقائق البطاطا بنكهة الباربكيو
على البطاطا العادية.
إيزابيلا

حسناً، رقائق البطاطا التي أكلتها كانت بنكهة
الباربكيو، لكنّها لم تعرف. وذلك لأن ماني يلعق
قطع البطاطا ثم يعيدها إلى الكيس. لسوء الحظّ،
اكتشفتُ ذلك بنفسي.

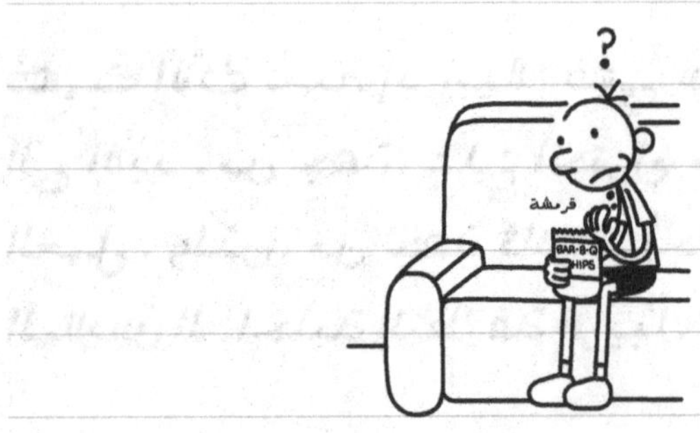

خرجت أمّي وابتاعت مجموعة من الوجبات السريعة لإيزابيلا، ووضعتها في الخزانة. ولم يُسمح لنا بلمسها.

<u>الاثنين</u>

أعلنوا اليوم في المدرسة أنّهم سيقيمون حفلة خاصّة لجمع التبرّعات من أجل البرنامج الموسيقي. وهي تحمل عنوان "حفلة مغلقة". وحسبما فهمت، ستكون حفلة ليلية كبيرة يشارك فيها الصبيان والبنات. وبالتالي، سأشارك فيها حتماً.

الأمر الوحيد الذي أزعجني كان الجزء المتعلّق بالمرافق. لذا، قصصتُ ذلك الجزء قبل أن أعطي أمّي الإعلان.

<u>الثلاثاء</u>

حسناً، طفح الكيل من خادمتنا. فقد قمتُ بمحاولة أخيرة لجعلها تغسل ملابسي، غير أنّها تهرّبَت مجدّداً.

عزيزتي إيزابيلا،

لا بأس في خلط الملابس الفاتحة مع الداكنة. أرجو منك الاهتمام بذلك بأسرع وقت ممكن لأنّ غريغوري لم يعد يملك ملابس نظيفة.

السيّدة هيفلي

وهذا ما وجدته على كيس الغسيل عندما عدتُ إلى المنزل:

عزيزتي السيّدة هيفلي،
أشكرك على توضيح كيفيّة غسل الملابس الفاتحة والداكنة. لكن، لسوء الحظّ، أضعتُ ملاحظتك السابقة التي أخبرتني فيها من يكون غريغوري.

إيزابيلا

استسلمتُ رسميًا. فبما أنّنا ننظّف المنزل دائماً قبل مجيء إيزابيلا، لذا أنا واثق تماماً أنّ «العمل» الوحيد الذي تقوم به هو كتابة هذه الملاحظات.

ازدادت الأمور سوءاً. فعندما خلدتُ إلى سريري الليلة، شعرتُ بشيء، ما تحت الغطاء. مددتُ يدي، وعثرتُ على ما أظنّ أنّه فردة جوارب نسائية.

هـذا يعني أنَّ إيزابيـلا كانـت تأخـذ قيلولة في سريري. ذهبتُ إلى غرفة أمّي، وأخبرتها أنّها أخطأت برأيي في استخدام إيزابيلا، وأنَّ عليها صرفها.

لكنّ أمّي لم تصخِ إليّ، وقالت إنَّ المنزل أصبح «في غاية النظافة» منذ أن استخدمتها، وإنّ علينا أن نكون ممتنّين لها لما تقوم به من عمل من أجلنا. إذاً، تمكّنت إيزابيلا من خداع أمّي تماماً.

كلّ ما أستطيع قوله هو إن كان عمل الخادمة يقتصر على تمضية اليوم في مشاهدة التلفاز، وتناول الوجبات السريعة، والنوم على سريري، فأنا أعتقد أنّني وجدتُ أخيراً مهنة مثيرة.

تشرين الثاني

<u>السبت</u>

أمس، أوصلني أبي إلى المدرسة عند الساعة 8:00 مساءً للمشاركة في الحفلة المغلقة، وما إن دخلتُ حتّى عرفتُ أنّني ارتكبتُ خطأ فادحاً. إذ بدا لي وكأنّ 90% من المشاركين من الصبيان و10% من البنات. لا، بل إنّ الأمر أسوأ من ذلك، فقد كان راولي موجوداً.

استدرتُ لكي أغادر، لكنّ أحد المرافقين كان قد أقفل الباب. وهكذا، علقتُ هناك طوال الليل مع الجميع.

أظـنّ أنّ معظم الفتيات في صفّي قـرّرن عدم المشاركة في الحفلة، وأنّ اللواتي أتين لم يصلهنّ الخبر في الوقت المناسب.

قرّرتُ الاستفادة من وقتي قدر الإمكان. لذا، دخلت القاعة التي كان الجميع يأخذون أغراضهم إليها. لاحظتُ أنّ كلّ ولد كان برفقة شخص راشد واحد على الأقـلّ، وهذه ليست وصفة عظيمة لتمضية أوقات جنونية.

كان معظم المرافقين آباء وأمّهات، ولم يأتِ سوى قلّة من الأساتذة. شعرتُ لسبب ما أنّ الأساتذة حضروا لأنّهم أُجبروا على ذلك.

رميتُ أغراضي على المسرح حيث جلس الأولاد الآخرون، ثمّ لاحظتُ أنّ راولي كان يجلس هناك، فنقلتُ أغراضي إلى الطرف الآخر من المسرح.

أعتقد أنّ معظم الأولاد قرّروا عدم المشاركة في الأنشطة الليلة، لأنّ الجميع تقريباً جلسوا وهم يلعبون بأجهزة إلكترونية أحضروها معهم.

لم أفكّر حتّى في إحضار ألعاب الفيديو، ولا أملك مجلّة أو أيّ شيء آخر لأتسلّى به. لذا، سألتُ إحدى السيدات الراشدات عمّا يمكنني فعله.

قالت لي السيّدة بارنوم إنّه ثمّة "مركز للنشاطات" في الزاوية، لكلّ من يرغب في الحصول على "استراحة مرح" خلال الليل.

لكنّ جميع النشاطات كانت للصغار .

قـرّرتُ الجلوس على كيس نومي وإحاطة ركبتيّ بذراعيّ عوضاً عن ذلك .

عند الساعة 9:00، قال الكبار إنّ الوقت قد حان للبدء "بألعاب الحفلة"، لكنّ أحداً لم يسمع ذلك لأنّ الجميع كانوا يضعون السّمّاعات . قال السيّد تانر إنّ علينا أن نكون "اجتماعيين"، لذا صادر جميع الهواتف الخلوية، والأجهزة الموسيقية، وكـلّ ما يحمله الأولاد، ووضعها في كيس للمهملات .

بعد ذلك، جلسنا جميعاً على شكل دائرة في وسط القاعة. قالت السيّدة كار إنّنا سنلعب ألعاب «كَسر الجليد» التي ستساعدنا على التعرّف إلى بعضنا أكثر.

لكن، في الحقيقة، كنّا نعرف بعضنا جيّداً، لأنّنا معاً منذ أن كنّا في صفّ الحضانة.

في الواقع، أعتقد أنّنا نعرف بعضنا أكثر ممّا ينبغي.

قالت السيّدة كار إنّنا سنبدأ بلعبة تسمّى «لعبة الاسم»، وفيها سيُطلق كلّ منّا على نفسه لقباً يبدأ بالحرف الأوّل من اسمه، مثل «سيث السريع» أو «ماري المسلّية».

كان الهدف من هذه اللعبة أن يكشف لقبك شيئاً عن شخصيّتك.

بدأ راولي أوّلاً.

حاولت بصعوبة كبيرة إيجاد لقب جذّاب، وكان دوري يقترب بسرعة. استقرّ رأيي أخيراً على «غريغ الغالب». كنت أعرف أنّه مبالغ فيه بعض الشيء.. لكن، من الصعب إيجاد لقب لائق يبدأ بالحرف «غ».

أعتقد أنّ الصبيّ الجالس إلى يميني، غابي فلير، كان يواجه المشكلة نفسها.

لم أستطع استخدام الكلمة نفسها التي استخدمها غابي، وإلّا فسيظنّ الجميع أنّني سرقتها منه.

جلستُ لبرهة وأنا أحاول التفكير في كلمة أخرى تبدأ بالحرف «غ»، لكنّ الجميع كانوا يحدّقون إليّ، فتوقّف ذهني عن العمل .

عندها، تدخّلت السيّدة ليبي لإنقاذي .

بدا الجميع راضين عن ذلك، مع أنّ كلمة «جميل» لا تبدأ بالحرف «غ» . وهذا ما يدفعك إلى التساؤل عن نظامنا التعليمي، وتحديداً لأنّ السيّدة ليبي مدرّسة اللغة العربية للصفّ الثامن .

وجدتُ لقب «غريخ الجميل» فظيعاً .

ولكن، قبل أن أتمكّن من إيجاد لقب أفضل، تكلّم الشخص الجالس إلى يساري وفات الأوان .

وهكذا، أصبحتُ عالقاً مع لقب سخيف طوال الليل، وعلى الأرجح إلى أن أدخل الجامعة.

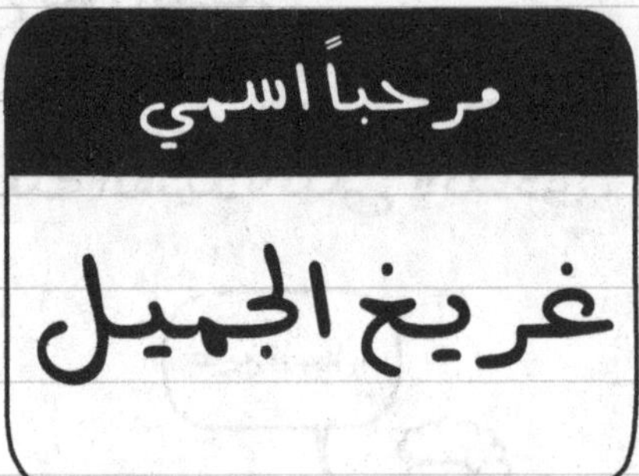

بعد ذلك، لعبنا لعبة تسمّى "لم أخبر أحداً بهذا من قبل". وهي لعبة نكشف فيها سرًّا للجميع. قالت السيّدة كار إنّ اللعبة ستساعدنا على "تعزيز أواصر الصداقة بيننا، لكنّني أظنّ أنّ الهدف الحقيقي هو اكتشاف المشاغبين بيننا.

تبيّن لي أنّ نظريّتي صحيحة، وذلك عندما توجّه تيدي كالدويل إلى الحمّام وتتبّعه أحد المرافقين .

لعبنا بعض ألعاب كسر الجليد، لكنّ أحداً منّا لم يستطع التركيز . فكلّ خمس دقائق، كان أحد الهواتف الخلوية الموجودة في الكيس يرنّ . وعندها، كان السيّد تانر يبحث في الكيس إلى أن يعثر على الهاتف الذي يرنّ ويقوم بإيقافه عن العمل .

147

أخيرًا، استسلم ووضع الكيس في غرفة الأساتذة.

بعد انتهاء الألعاب، استرحنا لمدّة ربع ساعة قبل الانتقال إلى النشاط التالي. كان بعضنا قد أحضروا معهم وجبات سريعة، لكنّهم فرضوا علينا سياسة صارمة تحظُر تناول الوجبات السريعة، فاضطررنا إلى أكلها سرًّا.

يبدو أنّ المراقبين عرفوا بالضبط من الذين يملكون وجبات سريعة، لذا صادروا حوالى 95% منها. حتّى إنّ السيّد فارلي عثر على حبّات الشوكولاته بالكرز، التي خبّأتُها في غطاء وسادتي.

أدركنا أخيرًا أنّه ثمّة جاسوس يخبر عنّا. وكان هذا الجاسوس هو جوستن سبيتزر الذي تقاضى أجره من الوجبات السريعة التي جمعها الكبار.

الولد الوحيد الذي كان لا يزال يملك وجبة سريعة هو جيفري تشانخ. فقد كان يملك كيساً كبيراً من البطاطا بنكهة الجبن. أعتقد أنّ جيفري أدركَ أنّها مسألة وقت قبل أن يُفتضح أمره، لذا حبس نفسه في حمّام الصبيان وحاول الاستمتاع بتناوله. لكنّ الكبار أدركوا ما يجري، فذُعر جيفري وتخلّص من الدليل.

بعد الاستراحة، عدنا للجلوس على شكل دائرة، وأخبرتنا السيّدة دان أنّنا سنلعب لعبة جديدة تسمّى "احزر مَن؟". ثمّ وزّعتنا إلى عشر فِرَق. كنتُ في الفريق الثالث مع غابي فلير، وتايسون ساندرز، وبضعة أولاد آخرين.

سررتُ لأنّني لم آكن في فريق واحد مع راولي، وإلاّ فإن الوضع لن يكون مريحاً بتاتاً.

إليك كيفيّة سير اللعبة: على كلّ فريق الذهاب إلى غرفة أخرى والتقاط صورة لأحد الزملاء. لكن، يجب أن تكون الصورة قريبة جدًّا، وأن تُظهر أحد الأعضاء كالأذن، أو الأنف، أو اليد، أو شيء من هذا القبيل. ثمّ يذهب كلّ فريق إلى المكتبة حاملاً معه الصّورة التي التقطها، وعلى الفِرَق الأخرى أن تحزر من صاحب الصورة.

قالت السيّدة دان إنّ الفريق الرابح سيحصل على الآيس كريم من ثلاّجة المقهى. عليّ الإقرار بأنّ اللعبة بدت ممتعة. ولكن، عندما أعطتنا آلات التصوير، حدثت أعمال شغب فعلية. فقد مضت ساعتان تقريباً منذ استخدامنا الأخير لأيّ وسيلة من وسائل التكنولوجيا.

ثمّ اكتشفنا أنّها آلات تصوير قديمة الطراز، من تلك التي تظهّر الصورة فوراً. وعندها، شعر الجميع بخيبة أمل، لأنّ الآلة لم تكن تحتوي على شاشة وما شابه ذلك.

دخل فريقنا المختبر لنتمكّن من التقاط الصورة سرًّا. كانت الخطوة الأولى هي تحديد الشخص الذي سيظهر في الصورة.

طلب غابي فلير أن نلتقط صورة لسرّته.

لكن الجميع وجدوا أنّ معرفة صاحب الصورة ستكون أمرًا سهلاً لأنّ غابي يملك سرّة كبيرة جدًّا، وستحزر جميع الفرق الأخرى من هو صاحب الصورة بالضبط.

التقطنا عدّة صور لعدد من الأولاد في مجموعتنا، لكنّ معرفة هوية الأولاد كانت أمرًا بديهيًا.

أراد نيكي وود أن نصوّره، لكنّ جسده كان مغطّى بالنمش تمامًا، ولم نستطع إيجاد بقعة واحدة من جسده لن تفضح هويّته على الفور.

التقطنا صورة لظهر كريستوفر براونفيلد، لكنّنا رأينا أحد الأولاد من الفريق الرابع يتجسّس علينا، فاضطررنا إلى اختيار شخص آخر.

التقطنا مجموعة من الصور لتايسون ساندرز، لكنّ أفضل صورة كانت لذراعه المثنيّة.

كانت معرفة ما في الصورة أمراً مستحيلاً، لذا وقع اختيارنا عليها.

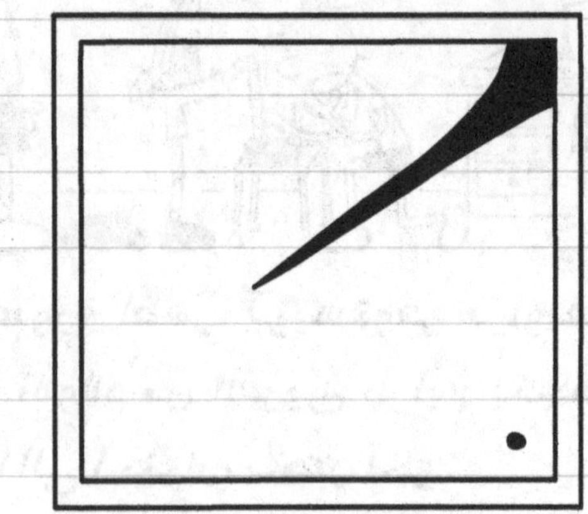

عندما اجتمعت الفرق في المكتبة مجدّداً، علّقنا صورتنا على الجدار إلى جانب صور الجميع. وحالما رأينا الصور الأخرى، عرفنا أنّنا سنفوز.

كانت أصحاب بعض الصور واضحين إلى حدّ مثير للشفقة.

في الواقع، لا تسألني عمّا كان فريق راولي يفكّر فيه .

تحمّسنا للبدء بالمباراة، لأنّنا عرفنا أنّ أحداً لن يكتشف هويّة صاحب صورتنا. لكنّ السيّد تانر وقف محدّقاً إليها .

قال السيّد تانر إنّ "جرأة" الفريق الثالث لم تعجبه، وإنّنا غير مؤهّلين لخوض المباراة.

نظرنا إلى بعضنا محاولين معرفة ما يتكلّم عنه السيّد تانر. لكنّ السيّدة دان غضبت أيضاً، وقالت إنّ التقاط صورة "قبيحة لأنف" شخص ما أمر غير لائق إطلاقاً.

لم يفهم أحد في فريقي معنى كلمة "قبيحة". لكن، لحسن الحظّ كنّا في المكتبة، فبحثنا عن الكلمة في المعجم. ولن تصدّق ذلك، لكنّها تعني "بشعة". في الواقع، تبيّن لنا أنه ثمّة حوالى مليون مرادف آخر لكلمة "قبيحة".

لكنّ الأساتذة كانوا غاضبين. فقد ظنّوا أنّنا التقطنا صورة أنف أحد الأساتذة، وأعتقد أنّك لو حملتَ الصورة بزاوية معيّنة لاكتشفت أنّه من الممكن ارتكاب خطأ كهذا.

قال السيّد تانر إنّه سيتّصل بأهلنا وسيطلب منهم المجيء، لأخذنا إلى البيت، وقال إنّ الولد صاحب الصورة ينتظره عقاب كبير.

عرفتُ أنّه إن قام السيّد تانر باستدعاء والديّ عند الساعة 11 ليلاً، فلن يكونا مسرورَين. ومن الواضح أنّ الكثير من الأولاد في فريقي فكّروا في الأمر نفسه. فجأة، فرّ غابي فلير هارباً، وهذا ما أثار ذعر الجميع، فانطلقنا هاربين نحن أيضاً.

فانطلقنا هاربين نحن أيضاً.

حاول كلّ منّا أن ينجو بنفسه، فانتهى بي الأمر مختبئاً في غرفة الموسيقى مع تايسون ساندرز. أطفأنا الأضواء، لكي لا يأتي أحد للبحث عنّا.

خشي تايسون أن يقوم الأساتذة بالكشف عن المؤخّرات لمطابقة الصورة مع صاحبها.

لكنّني أخبرتُ تايسون أنّه لا يجب عليه أن يقلق، لأنّه يخفض بنطاله حتّى قدميه عندما يستخدم المرحاض، والجميع يعرفون أصلاً شكل مؤخّرته.

بقيتُ وتايسون في غرفة الموسيقى لوقت طويل.

لكن، تمّ العثور علينا أخيراً من قِبل أستاذَين استخدما جوستن سبيتزر لتتبّع آثارنا.

اصطحبنا المرافقون إلى المكتبة التي كان أعضاء الفريق الثالث مجتمعين فيها.

حسناً، الجميع باستثناء كريستوفر براونفيلد الذي كان على حدّ علمي لا يزال مختبئاً خلف آلة العصير في الطابق الثاني.

قال تايسون للسيّد تانر إنّ الصورة كانت لذراعه.

لحسن الحظّ، ثمّة شامة قرب مرفق تايسون تتلاءم مع تلك الموجودة في الصورة، وإلاّ ما كان السيّد تانر ليصدّقه.

بعد أن قارن السيّد تانر بين الصورة وذراع تايسون عدّة مرّات، قال إنّه ارتكب «خطأ بريئاً»، وإنّ أيّ «شخص عاقل» كان سيفكّر في الأمر نفسه.

بدا لي اعتذاره غير كافٍ وضعيفاً، لكنّني سررتُ لأنّه لن يتّصل بأهلنا.

بعد ذلك، انتهت ألعاب الحفلة، وقال الكبار إنّه حان وقت النوم. أعتقد أنّ جميع الذين حضروا كانوا يخطّطون للبقاء مستيقظين طوال الوقت.

لكن، في تلك المرحلة، سررتُ بالخلود إلى النوم إن كان هذا يعني انتهاء الليلة بشكل أسرع.

ذهبتُ إلى القاعة لأتمدّد في كيس نومي، وكان موضوعاً قرب جنيفر هاوسمان التي لم تكن سيّئة المظهر في الواقع.

لكنّ الكبار قالوا إنّه يجب على الفتيات أخذ أغراضهنّ والانتقال إلى المكتبة، بينما يبقى الأولاد في القاعة.

أملتُ أن آخذ قسطاً من الراحة، لكنّ الكثير من الأولاد بدأوا يمازحون بعضهم، ممّا جعل النوم مستحيلاً.

بعد قليل، بدأ غابي فلير يلاحق الأولاد وهو يكشف عن سرّته، وكان ذلك مخيفاً حقّا.

كما ترى، هذه هي الأشياء التي لا أطيقها لدى الأولاد من جيلي. فهم دائماً يُثبتون أنّهم ليسوا سوى مجموعة من الحيوانات المفترسة.

عندما بدأ غابي بملاحقة رفاقه، استأذنتُ للذهاب لتنظيف أسناني.

كان الحمّام يقع في آخر القاعة، وكانت المصابيح مطفأة، لذا بدا المكان مظلماً حقًّا.

سمعتُ صوتاً غريباً، وشعرتُ بالخوف للحظة، لأنّ مدرستنا تعاني من مشكلة مع القوارض. لكن، تبيّن لي أنّ الصوت صادر عن فريغلي الذي كان يلعب داخل صندوق الطابات.

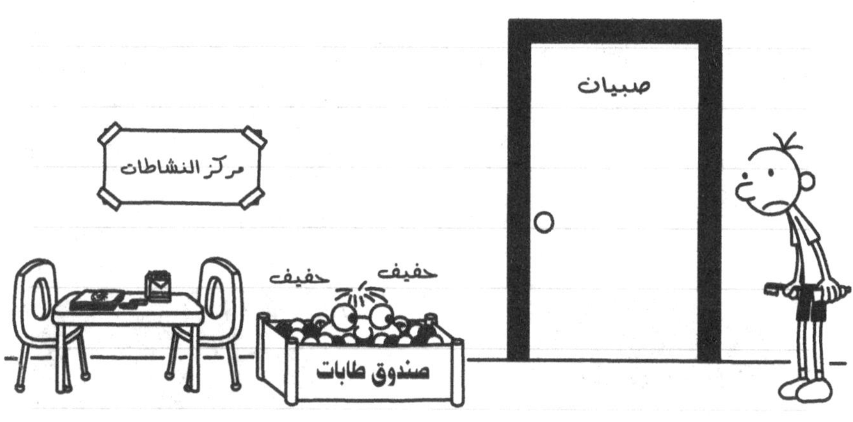

قرابة منتصف الليل، طلب السيّد بالميرو ـ وهو مستشار الإرشاد المدرسي ـ من الجميع دخول أكياس نومهم والخلود إلى الراحة.

ثمّ قال إنّ الكلام ممنوع طيلة الليل، وإنه لا يريد سماع صوت أحد.

ومن وقت إلى آخر، كان أحدهم يكسر جدار الصمت، فيثور غضب السيّد بالميرو لأنّه يعجز عن معرفة الفاعل.

وبعد حادثة الصور، أعتقد أنّ الكبار أصبحوا حسّاسين جدًّا حيال كلّ ما يتعلّق بالمؤخّرات.

عندها، قال السيّد بالميرو إنّ كلّ من أراد "إخراج ريح"، عليه الذهاب إلى خلف ستارة المسرح لفعل ذلك.

وهكذا، بدأ الكثير من الأولاد يتناوبون في الطلب من السيّد بالميرو الذهاب إلى خلف الستارة، ثمّ يُصدِرون أبشع الأصوات التي قد تتخيّلها.

استمرّ الحال على هذا المنوال لبعض الوقت، وبلغ ذروته عندما ذهب ديفيد روزنبرغ إلى غرفة الموسيقى وأحضر بوقاً كبيراً.

لا أعرف إن كان ذلك قد حصل مصادفة أم لا، لكن في تلك اللحظة بالذات توقف نظام التدفئة في القاعة.

في الواقع، أعتقد أنّ أحدهم شغّل المكيّف. وكلّ ما أعرفه هو أنّ الجميع لزموا أكياس نومهم بعد ذلك.

بعد قليل، استغرق السيّد بالميرو في النوم، لكنّ الصبيان ظلّوا مستيقظين. قال البعض إنّ المكان كالسجن، وتحدّث آخرون عن الهرب والعودة إلى المنزل.

ولكنّ المشكلة تكمن في أنّ جميع المخارج مقفلة. وأعتقد أنّه كان ينبغي لنا أن نعرف ما سنتورّط فيه عندما عرفنا التسمية التي أطلقت على هذه الحفلة: "حفلة مغلقة".

قال ألبرت ساندي إنّه رأى فيلماً هرب فيه رجل من السجن باستخدام ملعقة، فتحمّس الكثير من الأولاد للفكرة.

لكن، تبيّن أنّها إحدى تفاهات هوليوود، لأنّنا أحضرنا بعض الملاعق من المطبخ ولم نتمكّن حتّى من خدش الأرضيّة.

قرابة الساعة 1:30 من بعد منتصف الليل، لاحظ أحدنا وميض أضواء في الخارج، فذهبنا جميعاً إلى آخر القاعة لرؤية ما يجري.

رأينا رجلاً من شركة قطر السيّارات يدور حول سيّارة السيّد بالميرو والتي كانت متوقّفة في مكان مخصّص لذوي الاحتياجات الخاصّة.

حاولنا جذب انتباه الرجل لكي يساعدنا على الهرب من المدرسة.

لكنّه لم يسمعنا بتاتاً، بل انهمك في قطر سيّارة السيّد بالميرو.

فكّرتُ في إيقاظ السيّد بالميرو لإخباره، لكنّني قرّرت تركه ليأخذ قسطاً من الراحة.

في ذلك الوقت، أصبح الجوّ في القاعة بارداً جدًّا، فتمدّدنا نحن الصبيان بجانب بعضنا كالسردين للحفاظ على حرارة أجسادنا.

تصوّرتُ أنّ الجوّ في المكتبة جميل ودافئ على الأرجــح، وفـكّرتُ جـدّياً في الذهـاب إلـى هناك والانضمام إلى الفتيات.

لكنّني عرفت أنّ أمري سينكشف وسأعود إلى حيث كنت.

أظنّ أنّني استغرقتُ في النوم قرابة الساعة 2:30. وعند الساعة 3:00، سمعنا طرقاً على الباب أيقظ الجميع. فتح السيّد بالميرو الباب، ووجد مجموعة من الأهالي الغاضبين واقفين في الخارج.

حسب ما يبدو، كانوا يحاولون الاتّصال بأولادهم للتأكّد من أنّ كلّ شيء يسير على ما يرام، لكنّ الأولاد لم يجيبوا لأنّ السيّد تانر صادر الهواتف من الجميع. وعندها، اتصل الأهالي ببعضهم وقد شعروا بالقلق.

باختصار، قام الأهالي الذين أتوا إلى المدرسة بإعادة أولادهم إلى البيت. فلم يبقَ في المدرسة أحد سوى الولدين اللذين لا يملكان هاتفاً خلوياً: أنا وراولي. وكان هذا الوضع مربكاً للغاية.

راودني إحساس بأنّ فكرة الحفلة المقفلة لم تكن سوى خطّة رسمها الأهالي والأساتذة لجعلنا نحن الأولاد نكره الحفلات المختلطة. وإن كان هذا صحيحاً، فقد نجحت المهمّة.

أمضيتُ عطلة نهاية الأسبوع وأنا أحاول استرداد قواي من بعد الحفلة، لأنّني لم أنم مطلقاً ليلة الجمعة. لكن، أعتقد أنّ تلك التجربة كانت تفوق قدرة جسدي على الاحتمال، لأنّني استيقظتُ هذا الصباح مريضاً.

أقرّ بأنّني تظاهرت بالمرض من قبل لكي لا أذهب إلى المدرسة، لكنّ أمّي كانت تكتشف الأمر في كل مرّة.

لكن، هذه المرة قاست أمّي حرارتي، وأعتقد أنّها كانت مرتفعة لأنّها أمرتني بالبقاء في السرير.

قالت إنّها ستمضي اليوم بكامله في المكتبة لتدرس من أجل امتحانها النهائي هذه الليلة، وإنّها لن تتمكّن من البقاء معي في المنزل للعناية بي. حسناً، لم يعجبني هذا كثيراً، لأنّ الحسنة الوحيدة للمرض وجود شخص يهتمّ بك.

قالت أمّي إنّ إيزابيلا ستأتي اليوم، وإن احتجتُ إلى شيء، ما فبإمكاني الذهاب إليها. لكن، بعد مغادرتها أقفلتُ باب غرفتي، لأنّني خشيتُ أن تحاول إيزابيلا الدخول للحصول على قيلولتها.

لا بدّ أنّني غفوتُ عند الظهيرة. وعندما استيقظتُ، سمعتُ جلبة قوية صادرة من الأسفل. كان صوت التلفاز عالياً جدًّا، وتناهت إليّ أصوات نساء، يتحدّثن.

أطللتُ من النافذة، ورأيتُ الكثير من السيّارات مركونة أمام المنزل.

لم أعرف ما الذي يجري فلازمتُ غرفتي. وبعد نصف ساعة، جاءت أمّي، وركنت سيّارتها ودخلت المنزل. وبعد خمس دقائق، غادرت جميع النساء؛ بمن فيهنّ إيزابيلا.

صعدت أمّي إلى غرفتي، والغضب بادٍ عليها.

قالت إنّها قرّرت العودة من المكتبة باكراً للعناية بي. وعندما وصلت، فوجئت بجميع خادمات الحيّ يشاهدن مسلسلاً تلفزيونياً عندنا.

الليلة، عقدت أمّي اجتماعاً آخر في البيت، وقالت إنّ خدمات إيزابيلا «لم تعد ضرورية»، وإنّ علينا الاهتمام بالمنزل بأنفسنا. سررتُ لدى سماعي ذلك، لأنّني لن أضطرّ بعد الآن إلى تفتيش سريري بحثاً عن جوارب نسائية.

عندما ذهبتُ إلى المدرسة اليوم، كان راولي يقف بانتظاري قرب خزانتي، وقد رسم على وجهه ابتسامة عريضة. ثمّ لاحظتُ وجود بثرة كبيرة وسط جبينه.

معظم الناس يلازمون منازلهم في وضع كهذا. ولكن، اسمع ما قاله راولي:

حسناً، ضايقني ذلك فعلاً لسبب ما. لكنّ الأمر لم ينتهِ عند هذا الحدّ.

ففي وقت لاحق من ذلك اليوم، رأيتُ راولي واقفاً قرب خزائن الأولاد الأكبر سنًّا. أظنّ أنه يعتقد أن مجرّد ظهور بثرة على وجهه يجعله واحداً منهم.

أجد أنّ محاولات راولي للتأثير في الناس بهذه البثرة السخيفة مثيرة للشفقة حقًّا.

صدّقني، أنا لستُ غيّوراً على الإطلاق. لكنّ هذا الولد ما زال ينام مع مجموعة كبيرة من دمى الحيوانات المحشوّة كلّ ليلة. لذلك لا أفهم كيف ظهرت لديه بثرة قبلي.

في الواقع، دفعني كلّ ذلك إلى التفكير . فقد كنتُ أنتظر بلوغ سنّ النضج، أو على الأقلّ بدء ظهور بعض الشعر في وجهي ، لكنّ الأمور بطيئة .

والآن، بعد أن ظهرت بثرة لدى راولي ، بدأتُ أتوق إلى رؤية تغييرات لديّ أيضاً .

عندما عدتُ من المدرسة اليوم، تفحّصتُ نفسي في المرآة بحثاً عن شيء مختلف . لكنّ كلّ شيء بدا على حاله تماماً .

لذا، سألتُ أمّي وأبي بعد العشاء متى يمكن أن أتوقّع حدوث تطوّرات .

لكنّهما قالا لي إنّهما كانا متأخّرَين كثيراً عن زملائهما في هذا النوع من الأمور عندما كانا في مثل سنّي .

ثمّ طلب مني أبي ألّا أتوقع ظهور الكثير من الشعر على وجهي عندما أكبر ، لأنّه أصبح رجلاً ناضجاً وهو لا يحتاج إلى الحلاقة سوى مرّة أو مرّتين في الأسبوع .

حسناً، هذه أنباء سيّئة حقًا . ففي هذا البلد، يقولون دائماً إنّه بإمكانك أن تكبر وتفعل ما تشاء، لكنّني أدركت الآن أنّ هذا ليس صحيحاً .

أستطيع أن أذكر على الأقلّ ستّ وظائف لا يمكنني أن أشغلها من دون لحية أو شاربَين، أو على الأقلّ من دون لحية قصيرة.

الأربعاء

كان اليوم هو اليوم الثاني لظهور بثرة راولي الذي راح يتجوّل في الأرجاء وشعره مفروق مثل ستارة، ليتمكّن الجميع من رؤية بثرته.

لم أتمكّن من احتمال يوم آخر من هذا الهراء، وقرّرتُ فعل شيء ما. ولهذا، كتبتُ ملاحظة وأعطيته إيّاها في الرواق.

ويسرّني القول إنّ رسالتي أدّت الأثر المطلوب.

لكن، قبل الغداء، تماماً حدث أمر جنوني. فحين كنّا متوجهَين إلى المقهى مررنا في الرواق الذي يحتوي على خزائن الأولاد الأكبر سنّاً، ورأينا جوردن جوري واقفاً هناك مع عدد من أصدقائه.

استوقفنا جوردن وقال :

لم أصدّق أذنَيّ . فكما سبق لي أن قلت، حفلات جوردن جوري أسطورية .

لكنّ أفضل ما في حفلات جوردن جوري هو وجود الفتيات، ممّا يعني أنّها مختلفة تماماً عن تلك التي أُدعى إليها عادة.

الفكرة هي أنّنا نتحدّث عن حفلة حقيقية. فهي ليست كالحفلة المغلقة التي كانت تضمّ مليون مرافق يديرون العرض.

لم أعرف سبب دعوة جوردن جوري لنا أنا وراولي. فقد يكون كتاب الرياضيات، أو بثرة راولي، أو كلاهما السبب في دعوته لنا.

لكن، من الواضح أنّه يظنّ أنّنا صديقان. لذا، الدعوة تشملنا نحن الاثنين.

ولم أشأ فعل أيّ شيٍ، قد يغيّر رأيه.

يمكنني حتماً أن أدّعي أنّني وراولي صديقتان لليلة واحدة، إن كان هذا يعني أن نلعب لعبة «الجرأة أو الحقيقة» مع مجموعة من الفتيات اللواتي يكبرنني بصفٍّ كامل.

لن تصدّق ذلك، لكنّ أمّي لم تسمح لي بحضور حفلة جوردن جوري .

وليس السبب وجود فتيات أو أولاد أكبر سنًّا فيها، بل لأنّ حفل زفاف العمّ غاري في نهاية هذا الأسبوع .

لا بدّ أنّ هذه قمّة سوء التوقيت . توسّلتُ إلى أمّي لكي تسمح لي بالذهاب إلى الحفلة، لكنّها رفضت؛ حتّى عندما وعدتها بحضور زفاف العمّ غاري القادم .

قالت أمّي إنّني لا أستطيع التغيّب عن الزفاف لأنّني من عائلة العريس، ولا يمكن أن أخيّب ظنّ العمّ غاري .

في الواقع، حضرتُ جميع حفلات زفاف العمّ غاري، وأستطيع إخباركَ بالضبط بما سيحدث.

سيطلب منّي العمّ غاري أن أكون «الخطيب». فالكبار يختارون دائماً أحد الأولاد لإلقاء كلمة، لأنّ الجميع يستلطفون عدم قدرة الولد على لفظ الكلمات جيّداً.

عرفتُ أنّ أمّي لن تغيّر رأيها، لذلك لم أُضِع الوقت في محاولة إقناعها، بل ذهبتُ إلى غرفتي واتّصلتُ براولي.

أخبرتُ راولي أنّني لا أستطيع الذهاب معه إلى الحفلة، وبالتالي لا يمكنه الذهاب هو أيضاً. وشرحتُ له أنّه ليس من العدل أن يذهب، بينما أنا عالق في حفل زفاف العمّ غاري.

لكنّ راولي قال إنّه أصبح كبيراً الآن، ويستطيع اتخاذ قراراته بنفسه. وبالتالي، سيذهب إلى الحفلة مهما كلّف الأمر.

ثار غضبي وأنهيتُ المكالمة. هل تفهم الآن ما أعنيه عندما أتحدّث عن راولي؟ هذا النوع من التصرّفات الأنانية هو ما يجعلني سعيداً لأنّنا لم نعد صديقين.

السبت

يوم أمس، استقلّ أفراد أسرتي السيّارة، وذهبنا إلى منزل غامي لحضور زفاف العمّ غاري. كنتُ في مزاج سيّئ جدًّا بسبب الحفلة، وبسبب أمر آخر أيضاً.

فلقد تذكّرتُ أنّني سأسمع "الحديث" من غامي هذا الأسبوع، وأنا حقًّا لستُ في مزاج مناسب لسماع محاضرة الآن.

كانت آخر محاضرة سمعتها من عمّي جو الذي قال لي إنّه يجب عليّ أن أبدأ بالتفكير في "مستقبلي" بما أنني أصبحت في المرحلة المتوسطة.

حينها، رسم لي العمّ جو جدولاً يُظهر كلّ ما عليّ فعله منذ الآن وحتّى انتهاء المرحلة الثانوية لزيادة فرص دخولي كلّية جيّدة، وإيجاد وظيفة بعد ذلك. وبالتالي، يمكن القول إنّ أبي وعمّي جو خطّطا لحياتي طوال السنوات العشر القادمة.

على أيّ حال، كنتُ أفكّر في كلّ ذلك، لكنّ أمرًا ما حدث وجعل مزاجي أفضل.

فقد اتّصلت أمّي بغدامي وأخبرتها أنّنا سنتأخّر قليلاً لأنّنا سنتوقّف لشراء بذلة لي .

لفت ذلك انتباهي . فأنا لم أُضطرّ سابقاً إلى ارتداء بذلة في حفلات زفاف العمّ غاري، وليس لهذا سوى معنى واحد : سأكون مرافق العريس .

ففي ليلة الزفاف، يقيم مرافقو العريس حفلة مرحة جدًّا. شاهدتُ الكثير من الأفلام على المحطّات الفضائية لأعرف أنّها حفلة أودّ حضورها حتماً.

في الواقع، شعرتُ ببعض الأسى على رودريك، لأنّ هذا يعني أنّه ليس مدعوًّا. لكن، أظنّ أنّني سألتقط بعض الصور في أثناء الحفلة لكي يرى كلّ ما فاته.

الأهـمّ من كـلّ ذلك أنّني شعرتُ بالسرور. فبينما يحضر راولي حفلة سخيفة لطلّاب المرحلة المتوسّطة، سأركب سيّارة ليموزين، وأمضي أجمل يومٍ في حياتي. إذاً، سنرى من «الرجل» بعد عطلة نهاية الأسبوع هذه.

بالإضافة إلى ذلك، سأسير في الزفاف مع إحدى مرافقات العروس. أتمنّى فقط أن تكون لدى سونيا صديقات جميلات.

في طريقنا إلى منزل غامي، طلبت منّي أمّي أن أعدها بعدم مسح وجهي بعد قبلات الأقارب، لأنّ هذا التصرّف «فظّ» على حدّ قولها.

لكنّني لا أستطيع مقاومة ذلك. فعندما تقبّلني إحدى العمّات أو القريبات قبلة رطبة على خدّي، أبدأ بالتفكير في البكتيريا التي تتكاثر على وجهي، وأشعر بالتوتّر. آخر مرّة زرنا فيها غامي، أحضرتُ معي مناديل معقّمة لمعالجة المشكلة.

وعدتُ أمّي أنّني لن أمسح أيّ قبلة هذه المرّة. ولم يكن يجدر بي فعل ذلك، لأنّ العمّة دوروثي سلّمت علينا في البداية، وهي تقبّلني دائماً قبلة رطبة.

لكن، ما إن غابت أمّي عن الأنظار، حتّى تناولتُ أوّل شيء، وقعت عليه يداي ومسحت وجهي .

كان معظم أفراد الأسرة في منزل غامي عند وصولنا . سأحتاج إلى وقت طويل لوصف كلّ الموجودين، ولذلك سأكتفي بذكر العناوين العريضة .

كان ابن عمّي بينجي هناك مع والديه العمّة باتريسيا والعمّ طوني . آخر مرّة رأيتُ فيها بينجي، لم يكن يستطيع أن يلفظ سوى كلمتين .

الآن، أصبح بينجي قادراً على قول جمل كاملة. ويقول والداه إنّه بدأ يقرأ. لكنّني ما كنتُ لأتباهى بابني إن كان يستطيع القراءة وهو لا يزال يضع حفاضاً.

كان العمّ الأكبر آرثر جالساً أمام التلفاز في غرفة المعيشة، على كرسيّ وثير. لا أظنّ أنّني تحدّثتُ يوماً إلى العمّ الأكبر آرثر، لأنّه لا يفعل شيئاً سوى الهمهمة وإصدار تلك الأصوات الغريبة. مكثتُ عندنا مرّة في عطلة نهاية الأسبوع، وظلّ على هذا الحال طوال الوقت.

لا أعرف إن كان يحاول التواصل معي حينها أم لا، لكنّني كنت أجيبه من وقت إلى آخر تحسّباً.

العمّة الكبرى ريبا كانت هناك أيضاً، وقد فاجأني هذا نوعاً ما.

فقبل بضع سنوات، دعت غامي الجميع إلى منزلها في الميلاد، لكنّها نسيت إرسال دعوة إلى العمّة الكبرى ريبا. رغم ذلك، جاءت العمّة ريبا إلى منزل الجدّة غامي لكنّها لم تخلع معطفها، بل اكتفت بالجلوس هناك في غرفة المعيشة، وجعلتنا كلّنا نشعر بالذنب.

كان ابن عمّ أبي الثاني تيرنس هناك أيضاً. لم آتِ على ذكره إلاّ لأنّ الجميع يقولون لي دائماً إنّني أشبهه تماماً عندما كان في مثل سنّي، وهذا أمر محبط حقًا.

في الواقع، عندما سمعتُ بذلك للمرّة الأولى، بحثتُ في «الألبوم» صور غامي لأتأكد إن كان هذا الأمر صحيحاً. وللأسف، وجدت أنهم محقّون.

لذلك، أظنّ أنّه عليّ البدء بتوفير المال لإجراء جراحة تجميلية.

أتى ابن خال أبي بيرون أيضاً. لم أفرح كثيراً عندما رأيته. ففي آخر اجتماع للأسرة، أرسلَت غامي بيرون لشراء الحليب، وذهبتُ معه. لكنّه مرّ فوق حفرة، وثقب عجلة سيّارته على بُعد نصف ميل من البيت.

عندها، طلب منّي العودة لإحضار المساعدة. وفيما كنت متوجهاً إلى البيت بدأت تمطر. وما إن دخلتُ المنزل حتّى بدأت جميع النساء في المطبخ يصرخن في وجهي لأنّني لوّثتُ المنزل بالوحل.

وطلبن منّي أن أخلع حذائي وأضعه في الحجرة المخصّصة للأحذية، وهذا ما فعلته. لكنّ صياحهنّ سبّب لي الاضطراب على الأرجح لأنني نسيتُ أمر بيرون. وعندما عاد إلى المنزل بعد نصف ساعة، لم يكن مسروراً على الإطلاق.

أتى العمّ تشارلي وسررتُ برؤيته كثيراً، لأنّه يملأ جيبيه دائماً بالسكاكر التي يشتريها لنا نحن الأولاد.

لكنّني لم أكن أحبّ العمّ تشارلي في الماضي ، فلطالما اعتاد مضايقتي في صغري . فقد كنتُ أملك ملابس نوم ذات سروال أحمر ، وكلّما رآني ، كان يقول لي الشيء نفسه :

لسبب ما، كان ذلك يضايقني كثيراً. أخبرتُ أمّي بذلك، فأخذتني إلى المتجر لشراء ملابس نوم جديدة، وكانت زرقاء اللون. عندها عرفتُ أنّ العمّ تشارلي لن يتمكّن من إزعاجي بعد الآن.

لكنّه لم يستغرق أكثر من ثلاث ثوانٍ ليطلق عليّ لقباً جديداً.

الشخص الوحيد الذي لم يأتِ إلى منزل عامي كان العمّ لاورنس، لكنّها ليست مفاجأة كبيرة. فالعمّ لاورنس مسافر دائماً، وهو لا يحضر اجتماعات العائلة إلاّ نادراً. إلاّ أنّه في بعض الأحيان يشارك في المناسبات عبر الكاميرا، كما فعل في جنازة الجدّ الأكبر تشيستر.

آخر الوافدين كان العمّ غاري وخطيبته سونيا. بدت لطيفة، وأظنّ أنّهما مغرمان ببعضهما بجنون، كما يبدو من تصرّفاتهما.

للأسف، جلستُ قربهما إلى طاولة العشاء، واكتشفتُ ذلك بنفسي.

في الطريق، قال لنا أبي إنّ سونيا حسّاسة بعض الشيء، لأنّ العمّ غاري تزوّج سابقاً، وإنّه لا يجب علينا ذكر الموضوع.

ويبدو أنّ سونيا طلبت من العمّ غاري إزالة الوشم عن ذراعه اليسرى، لأنّه عبارة عن اسم زوجته الأخيرة.

لكن، أظنّ أنّ إزالة الوشم تكلّف الكثير من المال،
لذلك اكتفى العمّ غاري بإضافة بعض الكلمات عوضاً
عن ذلك .

على الأقلّ، لم تطلب سونيا من العمّ غاري تغيير الوشم الموجود على ذراعه الأخرى. فقد حصل على هذا الوشم عندما أكل برغر مونستريلا تزن ثلاثة باوندات في مطعم دانت في جلسة واحدة. ولا بدّ من الإقرار أنّه عمل مثير للإعجاب.

كما سبق وقلت، أتى جميع أفراد الأسرة تقريباً. ورغم أنّ منزل غامي كبير، إلّا أنّ البعض اضطرّوا إلى أن يتشاركوا غرفة واحدة.

كلّما مكثتُ عند غامي، يتمّ ضمّي إلى الأشخاص الذين تسمّيهم غامي "العازبين"، أي جميع الذكور غير المتزوّجين بعد.

وهذه ليست مجموعة أتوق إلى مشاركتها غرفة واحدة، وتحديداً لأنّ غرفة الضيوف في منزل غامي تحتوي على سريرين فقط. وهذا يعني أنّه يجب على البعض أن يتشاركوا سريراً واحداً، بينما ينام الباقون على الأرض.

كان العمّ جون واحداً من العازبين، لكنّه تزوّج في الربيع الفائت. وبدأت أتساءل عمّا إذا كان قد أقدم على الزواج لكي لا يُضطرّ إلى النوم معنا بعد الآن.

من الصعب الاستغراق في النوم فيما جميع أولئك الأشخاص الذين يحيطون بك يشخرون. لذا، أخذتُ أغراضي وبحثتُ عن مكان آخر لأنام فيه.

المكان الوحيد الذي وجدته فارغاً كان الحمّام المجاور لغرفة غامي. لذا، وضعتُ بطّانيتي ووسادتي في حوض الاستحمام، وصنعتُ لنفسي فراشاً. صحيح أنّه لم يكن مريحاً، ولكنّني حصلتُ على بعض الخصوصية على الأقلّ.

لحسن الحظّ، عندما أتت غامي في الصباح للاستحمام، استيقظتُ في الوقت المناسب.

بعد تلك الكارثة الوشيكة، طار النوم من عينيّ. وكان يوماً طويلاً حقًّا، لأنّ تجربة العشاء ستقام عند الساعة 7:00 مساءً.

لكنّني عرفتُ على الأقلّ أنّ حفلة أصدقاء العريس تنتظرني.

المشكلة الوحيدة في هذه الاجتماعات العائلية هي أنّها ليست مناسبة للأولاد. وبالتالي، إن لم ترغب في تناول الشاي وسماع أحاديث النساء فستكون غير محظوظ.

وكلّ ما في منزل غامي مخصّص للعجائز فقط، ولذلك لا يجد الأولاد شيئاً يتسلّون به. اشتكيتُ لأمّي من هذا الأمر منذ بضع سنوات، فاشترت لي لعبة ليغو لإبقائها في منزل غامي. لكنّ غامي ألصقتها ببعضها في كتلة واحدة كبيرة، لأنّها لا تحبّ رؤية القطع منتشرة في أرجاء المنزل.

وبخلاف ذلك، لا يحتوي منزل غامي على أشياء كثيرة مسلّية للأولاد. إذ ثمّة مرطبان مليء بالسكاكر فوق الموقد، تناولتُ منه عدّة حبّات في العام الفائت. لكنّني وجدت طعمها مريعاً. فقد كانت طريّة جدًّا مثل «العلكة».

في النهاية، مرضتُ جدًّا، واضطررتُ إلى التمدّد على الأريكة لبضع ساعات.

تبيّن أنّ السكاكر الموجودة في المرطبان قديمة جدًّا.

في الواقع، قال أبي إنّ السكاكر نفسها كانت موجودة هناك عندما كنت صغيراً. حتّى إنّه عثر على صورة في «الألبوم» غامي تُثبت ذلك.

فرانكي الصغير
يأكل الحلوى

بمناسبة الحديث عن الصور، يجب على غامي أن تبدّل الصور التي تضعها فوق الموقد بأخرى حديثة. فهي تملك صوراً لجميع أفراد العائلة. وصورتي أنا ورودريك ترجح إلى العام الذي أتى فيه سانتا إلى القرية منذ ثماني سنوات تقريباً.

أنوي دائماً التخلّص من تلك الصورة في أثناء انشغال الجميع، لأنّها من الأشياء التي ستظهر فجأة عندما أصبح مشهوراً، وعندما يكتبون عنّي في المستقبل.

المفروشات في منزل غامي قديمة أيضاً، وتبدو ذات قيمة كبيرة. أنا واثق أنّ شجاراً كبيراً سيحصل عندما تموت غامي. في الواقع، بدأ أفراد الأسرة منذ الآن بوضع ملصقات تحمل أسماءهم على قطع الأثاث.

أعتقد أنّ هذا التصرّف ينمّ عن قلّة احترام لمشاعر غامي. لكنّني أقرّ بأنّ هناك قطعة أو قطعتين أتمنّى الحصول عليهما.

الأحد

خلال التمارين على حفل الزفاف في الليلة الماضية، بقيتُ أفكّر في أنّ العمّ غاري سيأخذني جانباً، وسيخبرني عن المكان الذي ستجري فيه حفلة توديع العزوبية، لكنّ هذا لم يحدث.

عندها، نظرتُ إلى برنامج حفل الزفاف، ورأيتُ اسمي في الأسفل.

حامل الخاتمين /ناثر الأزهار............ ماني هيفلي
مساعد ناثر الأزهار................ غريغ هيفلي

الرجاء عدم التصوير في قاعة الاحتفال.

210

حاولتُ التهرّب من القيام بهذا العمل، ونقل مهمّات مساعد ناثر الأزهار إلى بينجي، لكنّ أمّي قالت إنه سيكون الخطيب هذا العام. أضف إلى ذلك أنّنا أنا وماني نرتدي بذلتين متشابهتين.

إذاً، بينما كان راولي يستمتع بوقته في حفلة جوردن جوري، حملتُ سلّة مليئة ببتلات الورود لماني. ولاحظتُ أنّ رودريك كان يلتقط مجموعة من الصور، لذلك سأفاجأ إن لم يكن قد حمّلها أساساً وعرضها على صفحته الإلكترونية.

بعد انتهاء مراسم الزفاف، ذهبنا إلى القاعة التي سيُقدّم فيها العشاء.

لكن، قبل أن نبدأ بتناول الطعام، وقف صديق العمّ غاري الحميم ليونارد، وألقى كلمة.

قال ليونارد إنّ لديه قصّة مضحكة جدًا عن العمّ غاري وسونيا عندما كانا يتواعدان، وأراد إخبارها للجميع. قال إنّه منذ شهرين، اصطحب العمّ غاري سونيا إلى مباراة بيسبول، وكان يخطّط للانفصال عنها لأنّه يريد أن يخرج مع شقيقتها.

ولكن، قبل أن يبدأ العمّ غاري حديثه عن الانفصال حلّقت طائرة في الجوّ وهي تحمل لافتة خلفها.

قال ليونارد إنّه لا بدّ أنّ رجلاً آخر في الملعب لديه صديقة تدعى سونيا. لكنّ سونيا التي ترافق العمّ غاري تصرّفَت قبل أن يجد الفرصة لقول أيّ شيءٍ.

قال ليونارد إنّ العمّ غاري أراد أن يشرح لها ما حصل مجرّد سوء تفاهم، لكنّه خشي من أن يقوم الشبّان الجالسون على المقاعد المجاورة بضربه إن تخلّى عن سونيا. وهكذا، قرّر العمّ غاري المضيّ قدماً في تلك العلاقة. في البداية، ظننتُ أنّ قصّة ليونارد مجرّد مزحة، لكنّ العمّ غاري لم يقفز عن مقعده لينفي صحّتها.

على أيّ حال، لديّ إحساس بأنّنا سنرجع في العام المقبل للاحتفال بزواج العمّ غاري الخامس.

بعد حفل الاستقبال، عاد أفراد أسرتنا إلى منزل غامي لتبديل ملابسهم. كنتُ أجمع أغراضي عندما دخل أبي الغرفة، وقال إنّ غامي تودّ التحدّث إليّ. في البداية، لم أفهم لماذا أرادت غامي أن تتكلم معي على انفراد، ثمّ أدركتُ أنّني على وشك سماع «الحديث».

عندما عبرتُ الرواق متوجّهاً إلى غرفة الجلوس، شعرتُ بشيءٍ من التوتّر، لكنّني كنتُ متحمّساً نوعاً ما. فقد خرجت غامي من منزلها مليون مرّة تقريباً، وأظنّ أنّها تخزّن كمّيّة كبيرة من الحِكَم. وبصراحة، قد أستخدم بعضها فعلاً هذه الأيّام.

دخلتُ الغرفة وأغلقتُ الباب خلفي. كانت غامي جالسة على مقعد مزركش، فجلستُ أمامها. وعندما استرحتُ في مكاني، بدأت غامي تتحدّث.

قالت لي غامي إنّ معظم الأولاد في جيلي يتوقون إلى سنّ النضوج. لكن، إن كنتُ ذكيًّا فعليّ أن أستمتع بكلّ مرحلة من حياتي.

في الحقيقة، كنت قد سمعتُ هذا الخطاب من أمّي وأبي مليون مرّة، لذلك خاب أملي عندما عرفتُ المنحى الذي سيتّخذه الحديث.

لكنّ غامي لم تفرغ من الكلام بعد. فقد قالت إنّني أستعدّ لدخول «السنوات المربكة»، وإنّ شفتيَّ ستبدوان منتفختين، وبشرتي غير صافية، وسيبدو رأسي كبيراً وغير مناسب لجسدي حتّى بداية أو نهاية المرحلة الثانوية.

ثمّ قالت إنّه لا يجب أن أسمح لأحد بالتقاط صور لي في الأعوام القليلة الآتية، لأنّني سأندم على ذلك.

وأخبرتني أنّها قدّمت النصيحة نفسها لبعض الأشخاص من الأسرة كأبي والعمّ غاري والعمّ جو، لكنّهم لم يصغوا إليها.

ومع ذلك، لم تنهِ غامي كلامها بعد. وقالت إنّ التقدّم في السنّ ليس ممتعاً، وإنّ بلوغ سنّها أمر كريه جدًا.

ثمّ بدأت تتحدّث عن "البواسير"، و"القوباء"، وعدد آخر من الأشياء التي لم أسمع عنها من قبل قطّ.

أظنّ أنّها لاحظت ارتباكي، لأنّها بدأت تخفض جوربها لتريني ما تعنيه.

216

عندها، استأذنتُ وخرجتُ من الغرفة مسرعاً. أنا مسرور لأنّني هربت من هناك قبل أن تقرّر غامي خلع المزيد من الملابس.

بعد نصف ساعة، حزمنا أغراضنا، وركبنا السيّارة، ثمّ انطلقنا عائدين إلى البيت. سررتُ بانتهاء عطلة نهاية الأسبوع. صحيح أنّني أحبّ أقربائي، لكنّني لا أحتمل الاجتماعات العائلية الطويلة.

<u>الاثنين</u>

اليوم جررت نفسي إلى المدرسة بصعوبة. إذ يبدو أنّ الجميع حضروا حفلة جوردن جوري التي ستكون مدار الحديث.

217

كان المرور في رواق الأولاد الأكبر سنًّا هو الأسوأ.

في الواقع، سررتُ لعدم ذهابي. فقد اكتشفتُ أنّ سبب دعوة جوردن تلامذة صفّي الأصغر سنًّا منه هو جعلهم يعملون لديه كالخدم.

أعلنوا الليلة في نشرة الأخبار عن اسم الفائز في مسابقة بيتشي بريز، ولسوء الحظّ لم يتمّ اختياري. لكنّني أعرف الفائز.

كان الفائز هو سكوتي دوغلاس الذي يقطن في آخر الشارع. لا تسألني لماذا تمّ اختياره، فهو لم يستطع حتّى قول الشعار بطريقة صحيحة في أثناء تجربة الأداء.

لكن، كان يجدر بجماعة بيتشي بريز إجراء المزيد من البحث، لأنّهم لو رأوا شقيق سكوتي الأكبر لغيّروا رأيهم.

في الليلة الماضية، قالت أمّي إنّ الفصل الأوّل من دراستها قد انتهى، وإنّها سوف «تعلّق» دراستها الأكاديمية لمدّة من الزمن، وستمضي وقتاً أطول مع العائلة. لا أستطيع إخبارك عن مدى سعادتي لسماع ذلك. وسُررت لأنّ الأمور سترجع أخيراً إلى طبيعتها في البيت.

في الواقع، كانت هذه هي المشكلة هذا العام. فقد حدث تغيير كبير ومفاجئ، والحياة التي اعتدها تعجبني.

كان بعض الأشخاص ــ مثل أبي والعمّ جو ــ يضغطون عليّ لأتحمّل مسؤوليّة أكبر، ولأبدأ بالتفكير جدّياً في مستقبلي. لكنّ الحقيقة هي أنّني أكثر شبهاً بالعمّ غاري.

لا أعتقد أنّني حالياً مستعجل لأكبر. فبعد أن أرتني غامي ما تخبّئه لي السنوات القادمة، أعتقد أنّني سآخذ بنصيحتها وأتمسّك بهذه المرحلة من حياتي طالما استطعت.

<u>الثلاثاء</u>

بمناسبة الحديث عن عودة الأمور إلى طبيعتها، قرّرتُ أن الوقت قد حان لنضع أنا وراولي الشهرين الماضيين خلفنا، ونستعيد صداقتنا.

فتاريخنا معاً طويل حقًّا، ومن المؤسف نسيانه لأسباب سخيفة.

حتّى إنّني بصراحة لم أعد أذكر سبب خلافنا.

ولهذا، بعد انتهاء دوام المدرسة اليوم، قصدتُ منزل راولي لأرى إن كان يرغب في مرافقتي. سُرّ برؤيتي كثيراً إلى حدّ أنّني شعرتُ بالارتباك.

وسألني إن كنتُ أرغب في أن نصبح «صديقين حميمَين إلى الأبد»، وأعطاني نصف السلسلة التي حاول دائماً إقناعي بوضعها.

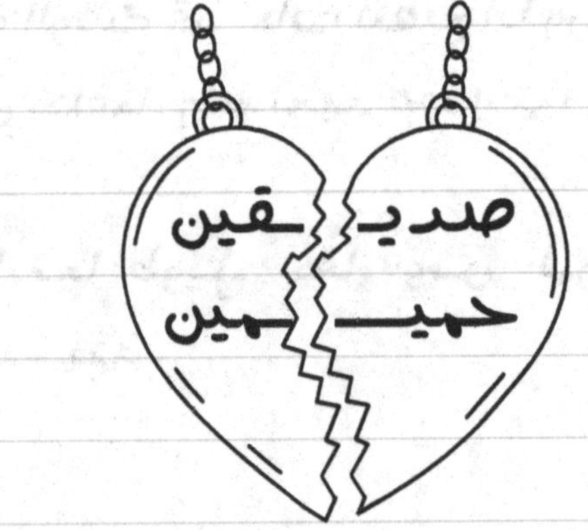

قلتُ له إنّني لن أضع السلسلة لأنّها للفتيات. لكن، في الواقع، كانت عبارة "إلى الأبد" هي ما سبّب لي التوتّر. قلتُ له إنّه ربّما بإمكاننا أن نكون صديقين شهراً تلو الآخر، وبدا راضياً عن ذلك.

ومع ذلك، سأقول لك شيئاً. لا بدّ أنّ راولي نما إنشأ ونصف الإنش منذ الصيف، ولذلك من يعرف كم سيصبح طول هذا الولد؟

تصوّرتُ أنّ رفقته ستكون جيّدة، على الأقلّ حتّى نصبح في المرحلة الثانوية. ولو استمرّ بالنموّ بهذه الوتيرة، فسيناسبني وجوده إلى جانبي.

تنويه

شكراً لجميع معجبي سلسلة فتى الويمبي لتحقيقهم حلمي أن أصبح فناناً كاريكاتورياً.

شكراً لعائلتي لحبها المستمر ودعمها. وهذا لن يكون مسلياً دون مشاركتكم. شكراً لأمي وأبي لدعمهما الرائع لي ولجميع أبنائكما.

شكراً للأصدقاء في ابرامز لانتباههم إلى أدق التفاصيل في هذه الكتب. شكر خاص إلى شارلي كوشمان، محرري؛ وجيسون ولز، الإعلامي؛ وتشاد و. بكرمان، المدير الفني؛ وسكوت اورباخ، المدير الإداري. وشكراً لميشال جاكوبز لإيحائها بمقدرة فتى الويمبي على الطيران.

شكراً لباتريك لإستماعه ونصحه ومساعدته في صدور الكتاب المصوّر. شكراً لجس لصداقته ومتابعته. شكراً لشالين لمساعدتك المستمرة لتحصين هذا الكتاب.

شكراً لكل فرد في هوليوود لتفانيهم في العمل لإنتاج فتى الويمبي، وخاصة نينا، براد، كارلا، رايلي، اليزابيث، نك، ثور، ودايفيد. وشكراً، لسيلفي وكيث لمساعدتكما وإرشادكما.

عن المؤلّف

جيف كيني مصمّم ألعاب على الشبكة، ومؤلّف كُتب نيويورك تايمز الأكثر مبيعاً. في العام 2009، اعتُبر جيف في مجلّة تايم واحداً من الأشخاص المئة الأكثر نفوذاً في العالم. ابتكر جيف أيضاً Poptropica.com. أمضى طفولته في واشنطن العاصمة، وانتقل إلى نيو إنغلند في العام 1995. يعيش جيف في جنوب ماساتشوستس مع زوجته وولديهما.